设计型学习：创客教育的实现路径

曹东云　著

江西师范大学学科建设基金资助项目
江西师范大学“青年英才”培育计划资助项目

科学出版社
北　京

内 容 简 介

伴随知识经济的到来，创客教育应运而生。本书尝试将设计作为一种学习手段，用以提升学习者的创造力。本书重在厘清设计型学习的内涵，考察设计型学习与创造力发展之间的关系，进而构建适合中国语境的、突显设计本质的、指向创造力发展的设计型学习模型，以丰富学习者创造力发展的途径，最终促进创客教育更好的发展。

希望本书能够为关注和参与创客教育及 STEAM 教育的一线教育工作者、教育管理者、教育研究者，以及相关专业的在读本科生、研究生提供有益的参考与帮助。

图书在版编目（CIP）数据

设计型学习：创客教育的实现路径/曹东云著. —北京：科学出版社，2020.12

ISBN 978-7-03-067289-6

Ⅰ. ①设… Ⅱ. ①曹… Ⅲ. ①创造教育-研究 Ⅳ. ①G40-012

中国版本图书馆CIP数据核字（2020）第 252654 号

责任编辑：任俊红 / 责任校对：严 娜
责任印制：张 伟 / 封面设计：蓝正设计

科学出版社 出版
北京东黄城根北街 16 号
邮政编码：100717
http://www.sciencep.com
北京建宏印刷有限公司 印刷
科学出版社发行 各地新华书店经销
*
2020 年 12 月第 一 版 开本：720×1000 B5
2022 年 1 月第二次印刷 印张：9 3/4
字数：196 000

定价：69.00 元

（如有印装质量问题，我社负责调换）

前　言

知识经济时代对劳动者素质提出了更复杂的要求。鉴于创造力对社会及个体发展的重要意义，各个国家、经济体在提炼 21 世纪人才核心素养时，不约而同地将人才的创造力作为重点。同时，兴起于欧美的创客运动于 2010 年传入中国，给我国原有教育体系带来了全新的发展体验，各地的创客教育蓬勃发展，逐渐形成燎原之势。

2016 年 2 月，教育部教育装备研究与发展中心召开了 2016 年创客教育专家委员会第一次会议，首次对“创客教育”进行了定义。2016 年 6 月，教育部《教育信息化“十三五”规划》中指出，“有条件的地区要积极探索信息技术在‘众创空间’、跨学科学习（STEAM 教育）、创客教育等新的教育模式中的应用”。2017 年 10 月，教育部发布的《中小学综合实践活动课程指导纲要》明确提出“有条件的学校可以建设专用活动室或实践基地，如创客空间等”。然而，与异彩纷呈的创客教育实践及逐步配套的创客教育政策相比，国内创客教育理论研究相对滞后，尤其是对适用于创客教育的学习模式的理论探讨仍处于起始阶段。本书可视为对此需求的一次回应。

本书共 7 章。第 1 章为绪论，重点分析了本书的研究背景。第 2 章剖析了创造力的内涵、创造力的发展条件、设计型学习的内涵、设计型学习的认知要素及其意义。第 3 章在探讨了设计型学习中创造发生机制的基础上，重点阐述设计型学习与创造力发展之间的关系、促进设计创造的典型工具。第 4 章分析了已有的典型设计型学习模型及应用效果，甄别其中可供改善之处。第 5 章从原理、思维与活动层面搭建指向创造力发展的设计型学习模型，提出了相应的教学设计策略。第 6 章对设计型学习模型进行了实证检验。第 7 章做出了研究展望。

本书的特点在于，在研究视角上，从设计型学习的角度探讨学习者创造力的发展，丰富了创造力发展的手段；从设计本质出发，厘清了设计型学习的内涵与表现形式，突显了设计型学习中设计活动的特殊性和指向创造力发展的针对性，以补充创客教育的理论体系。在研究方法上，通过文献、访谈初步建构指向创造力发展的设计型学习模型，再经过实证验证，保证了模型的科学性、合理性和可行性，以期为创客教育的具体实践提供参考依据。

本书是江西师范大学学科建设基金资助项目（09050511004002）、江西师范大学“青年英才”培育计划资助项目（XF201420）。

由于著者水平有限，书中可能存在不足，敬请各位专家和读者批评指正！

曹东云

2019 年 4 月

目录

第 1 章 绪论 …… 1
1.1 知识经济的挑战 …… 1
1.2 创造性人才培养的需求 …… 3
1.3 创客教育的出现 …… 5
1.4 “设计型学习”的兴起 …… 10
第 2 章 创造力与设计型学习的概念界定 …… 13
2.1 创造力的内涵及其发展条件 …… 13
2.2 设计型学习的内涵 …… 20
2.3 设计型学习中的认知要素 …… 32
2.4 设计型学习的意义 …… 41
第 3 章 设计型学习与创造力发展的关系探究 …… 44
3.1 设计型学习中创造的发生机制 …… 44
3.2 设计型学习与创造力发展的关系 …… 48
3.3 设计型学习中促进创造力发展的典型工具 …… 55
第 4 章 典型设计型学习模型述评 …… 61
4.1 设计型学习模型研究概述 …… 61
4.2 Nelson 的设计型学习 …… 65
4.3 Kolodner 的设计型学习 …… 71
4.4 Schunn 的设计型学习 …… 77
第 5 章 指向创造力发展的设计型学习模型构建 …… 83
5.1 思路与方法 …… 83
5.2 模型建构 …… 87
5.3 基于模型的教学设计 …… 107
第 6 章 指向创造力发展的设计型学习模型实证研究 …… 117
6.1 质性研究 …… 117
6.2 准实验研究 …… 124

第 7 章　面向创客教育的设计型学习研究展望 ······ 139
7.1　主要观点 ······ 139
7.2　研究展望 ······ 142
附录 ······ 144
附录 1 ······ 144
附录 2 ······ 145
后记 ······ 147

第1章 绪　论

1.1 知识经济的挑战

众所周知，创造与创新是人类社会发展进步的重要条件和动力，一部人类社会的文明发展史，在某种意义上就是一部人类创造史。古今中外的历史表明，创造力水平直接关系到一个国家的发展实力。可以说，国家竞争力的本质是创造力的竞争，国民创造力旺盛，国家则兴旺发达；国民创造力孱弱，国家发展则停滞甚至衰退。有学者认为，缺乏创造力的国家，只能花钱消费别人的创造，只能处于生产链的最底端，靠廉价劳动力、廉价产品、巨大环境成本和能源消耗去赢得竞争力[①]。

纵观人类发展史，从来没有一个时代像当今这样，其进步如此倚重人类自身的创造力，赋予创造如此重要的意义。人类社会步入 21 世纪后，越来越多的国家的社会形态表现出知识经济的特征。经济合作与发展组织（Organization for Economic Co-operation and Development，OECD）认为，知识经济是建筑在知识和信息的生产、分配和使用基础之上的经济，知识是提高生产率和实现经济增长的驱动器[②]，其典型特征表现为：科学与技术的研究开发日益成为知识经济的重要基础；信息和通信技术在知识经济的发展过程中处于中心地位；服务业在知识经济中扮演了主要角色；人力的素质和技能成为知识经济实现的先决条件。知识经济中的社会生产、分配、消费和就业方式发生巨变，创意成为生产的主要内容。

在此背景下，各国更加充分认识到经济、科技和综合国力的竞争，说到底是人才创造力的竞争。美国教育学家 Taylor 曾指出，创造活动不但对科技进步，而且对国家乃至全世界都有重要影响，哪个国家能最大限度地发现、发展、鼓

---

① 迈克尔・A. 彼得斯，西蒙・马吉森，彼得・墨菲. 创造力与全球知识经济. 杨小洋，译. 上海：华东师范大学出版社，2013：序.

② OECD. Strengthening the knowledge-based economy. https://www.oecd-ilibraryorg/industry-and-services/oecd-science-technology-and-industry-outlook-2002/strengthening-the-knowledge-based-economy_stioutlook-2002-3-en [2019-01-15].

励人民的潜在创造力，哪个国家在世界上就会处于十分重要的地位，可立于不败之地[①]。

然而，客观地说，目前中国的国家综合创造力与世界发达国家比较，尽管涨幅有所提升，但绝对水平仍存在不小差距。OECD“三方同族专利”统计的各国专利数量显示，2015 年，日本“三方同族专利”数量为 17 361 件，世界排名第一；美国为 14 886 件，世界排名第二；德国 4455 件，世界排名第三；中国仅有 2889 件，世界排名第四[②]。国家知识产权局发布的数据显示，2017 年，我国发明专利申请量为 138.2 万件，同比增长 14.2%；共授权发明专利 42.0 万件，其中，国内发明专利授权 32.7 万件，同比增长 8.2%[③]。然而，在世界知识产权组织划分的 35 个技术领域之中，从维持 10 年以上的发明专利拥有量来看，国内在 29 个技术领域中专利数量少于国外[④]，可以说，我国在大力培育高价值核心专利方面任重道远。知识经济除了带给中国前所未有的机遇，还带来了严峻甚至严酷的挑战。今日的中国如何在现有的基础上，提升国家整体创造力，推动经济、政治、文化和社会的全面建设和快速发展，以此回应知识经济社会的拷问，是上自政策决策层、下至普通国民都需直面的难题。

此外，从个体成长角度看，创造力还是个体持续发展的需求。创造力是人类区别于动物的最根本的特征和标志之一，人类生活的本质就是创造。普遍意义上说，个体在成长过程中，大多希望发展自己的高阶能力，凭借自己的创造才能在竞争舞台上表现、突出自己，获得社会对自己本质力量的肯定，因为在一定意义上，唯有这种特殊才能才是判断人的能力的尺度。正如教育家陶行知先生曾描述的，“处处是创造之地，天天是创造之时，人人是创造之人”[⑤]。于是，有学者总结出，个体创造力发展的重要意义和最终目的在于使人类创造力的发展从自发走向自觉，从而尽可能挖掘出人类的创造潜能，造福人类[⑥]。

① Taylor C W. Various Approaches to and Definitions of Creativity // Sternberg R J. The Nature of Creativity: Contemporary Psychological Perspectives. Cambridge: Cambridge University Press, 1988: 99-124.

② OECD. Triadic patent families. https://data.oecd.org/rd/triadic-patent-families.htm[2018-12-15].

③ 中华人民共和国国家知识产权局. 专利统计年报 2017. http://www.cnipa.gov.cn/docs/20181019135307585336.pdf [2018-11-15].

④ 新华网. 中国专利进入发展新时代：从数量取胜向质量提升迈进. http://www.xinhuanet.com/tech/ 2018-01/26/c_ 1122317838.htm[2018-01-26].

⑤ 陶行知. 陶行知文集. 南京：江苏教育出版社，2008：891.

⑥ 董奇. 儿童创造力发展心理. 杭州：浙江教育出版社，1993：36.

1.2 创造性人才培养的需求

知识经济社会对劳动者素质提出了更复杂的要求。鉴于创造力对社会及个体发展的重要意义，世界范围内各个国家、经济体在提炼 21 世纪人才核心素养时，不约而同地将人才的创新性和创造力作为重点。早在 1972 年，联合国教育、科学及文化组织（简称联合国教科文组织）在《学会生存——教育世界的今天和明天》中指出，“人们对付当今世界性问题和挑战的能力，归根到底取决于人们能够激发和调动的创造力的潜力”，“人是在创造活动中并通过创造活动来完善他自己的……教育在这个范围内有它复杂的任务：保持一个人的首创精神和创造力量而不放弃把他放在真实生活中的需要；传递文化而不用现成的模式去压抑他；鼓励他发挥他的天才、能力和个人的表达方式，而不助长他的个人主义；密切注意每一个人的独特性，而不忽视创造也是一种集体活动”[①]。该组织还在《2012 年全民教育全球监测报告》中列出了所有青年都需要的三类主要技能——基础技能、可转移技能和职业技术技能，其中可转移技能包括分析问题、找到适当的解决办法、有效地交流思想和信息、具有创造力、体现出领导能力和责任感，以及展示出创业能力[②]。2005 年，欧盟正式发布《终身学习核心素养：欧洲参考框架》，为欧盟各国的教育政策制定提供了可供参考的框架和方向，该核心素养框架主要包括：母语沟通能力、外语沟通能力、数学和科技基本素养、数字（信息）素养、学会学习、社会与公民素养、创新与企业家精神、文化意识和表现。

发达国家普遍重视对国民创造力的培养，这与其经济发展、社会进步构成了良性互动。美国将其国力强盛的原因归结于民族的好奇心与冒险精神，历届政府都将创造力视为国民素质的重要组成部分。2002 年美国在联邦教育部的主持下成立了“21 世纪技能合作组织”，该组织将 21 世纪应具备的基本技能进行整合，制订了“21 世纪技能模型”。该模型提出，学习者应创造性地思考、创造性地与人共事、执行创造性思想，具体而言，希望学习者能够运用丰富的创造技巧，创造奇妙、新颖、有价值的思想，对自己的想法加以提炼、深化、分析和评估，以便推动创造性劳动，并且使效费比最大化[③]。美国北中部地区教育实验室提出的

---

① 联合国教科文组织国际教育发展委员会. 学会生存——教育世界的今天和明天. 华东师范大学比较教育研究所，译. 北京：教育科学出版社，1996：186-188.

② 联合国教科文组织全民教育全球监测报告小组. 青年与技能：拉近教育和就业的距离（上）. 世界教育信息，2014，340（4）：26-34.

③ 伯尼·特里林，查尔斯·菲德尔. 21 世纪技能：为我们所生存的时代而学习. 洪友，译. 天津：天津社会科学院出版社，2011：58.

“面向 21 世纪学习者的能力：数字时代的基本素养”，包括四大类型：基本素养、创新思维、有效沟通和高效工作，其中的创新思维指具有“应对复杂情境、自我导向、好奇心、创造性、承担风险、高阶思维和合理推理”的品质①。

日本以“教育立国”著称。第二次世界大战后，日本迅速崛起而成为世界的经济巨人，对此日本经团联合会会长士光敏夫曾总结说，“我们没有什么资源，没有任何军事实力。我们只拥有一种资源，我们学者的发明创造能力。这种能力是无限的……根据事物的发展的规律，这种思维能力在不久的将来会成为全人类最珍贵、最富有创造性的共同财富”②。日本对创造教育极为重视。20 世纪 80 年代，日本中央教育审议会议提出学校贯彻基础和基本教育，尊重学生个性和创造性发展，培养学生的“自我教育能力”。进入 21 世纪，日本国立教育研究所构建了本国“21 世纪型能力”框架。日本新《教育基本法》（2006 年）规定，“培养尊重个人尊严、追求真理和正义、尊重公共精神、具有丰富的人性和创造性的人”“尊重个人的价值，发展其能力，培养创造性，培养自主和自律的精神”③。此外，日本将每年的 4 月 18 日定为发明节，东京、大阪、名古屋等 32 个城市建立了星期日发明学校，教师由研究创造发明的专家担任。

我国也历来关注创新人才的结构与培养途径。学者钟志贤曾提出了知识时代对人才素质的偏向模型④。该模型显示，知识时代在不忽视基本素养的前提下，强调人才的创新、问题求解、决策、批判性思维、信息素养、团队协作、兼容、获取隐性知识、自我管理、可持续发展等能力，而创新能力是其中的高阶能力。2018 年，北京师范大学中国教育创新研究院发布了《21 世纪核心素养 5C 模型研究报告（中文版）》，提出了“21 世纪核心素养 5C 模型”，具体包括文化理解与传承（cultural competency）、审辩思维（critical thinking）、创新（creativity）、沟通（communication）、合作（collaboration）⑤。该报告认为，创新是人类文明进步与社会发展的根本动力，是提升个人竞争力的核心要素。该素养包括创新人格、创新思维和创新实践三个要素。创新人格指个体具有好奇心、开放心态、勇于挑战和冒险、自信并坚持自己的观点等特质，即与创造性相关的非智力因素。创新思维是人类的最高级认知活动，以感知、记忆、思考、联想、理解等能力为基础，以探索性、求异性、综合性为特征的心智活动。创新实践指个体参与并投

---

① North Central Regional Educational Laboratory. enGauge® 21st Century Skills：Literacy in the Digital Age. https://files.eric.ed.gov/fulltext/ED463753.pdf[2018-12-15].

② 朱作仁. 创造教育手册. 南宁：广西教育出版社，1991：90.

③ 张德伟. 日本新《教育基本法》（全文）. 外国教育研究，2009，36（3）：95-96.

④ 钟志贤. 面向知识时代的教学设计框架——促进学习者发展. 北京：中国社会科学出版社，2006：44.

⑤ 汪瑞林. 5C 模型为核心素养研究贡献“中国智慧”. http://www.jyb.cn/zgjyb/201804/t20180411_1045700.html[2018-06-18].

入旨在产生新颖且有价值的成果的实践活动。创新实践包含澄清目标或表征问题、搜集信息或资源、付诸实践（创意产生或问题解决）等环节。

1.3　创客教育的出现

1.3.1　创客教育的由来

创客在英文里是 maker，特指酷爱科技、热衷实践的个人，亦可指其群体，常以分享创意和交流思想为乐。创客文化是科技进步与时代发展的产物，美国创客运动的兴起直接受其特有的车库文化、硅谷文化、DIY 文化和黑客文化的影响。如果把车库文化的精神理念简要地概括为实践和创新，把硅谷文化概括为创业和风投，把 DIY 文化概括为创意和动手，把黑客文化概括为开源和分享，那么在此基础上可以归纳出创客文化的内核，即实践、创新、创业、风投、创意、动手、开源和分享[①]。

从发展历程来看，创客运动是数字网络催生下开源创新的时代产物。新千年伊始，美国相继涌现出许多创客空间。面对这一新生事物及其日益增长的参与者，O'Reilly Media 公司麾下的 Dougherty 于 2005 年创办季刊 *Make*，随后相继举办了一系列创客博览会，成为创客运动的助推平台，承载并不断演绎着崭露头角的创客理念。2012 年，美国总统奥巴马特邀 Dougherty 参观白宫并授予其“变革之星”的荣誉称号；随后奥巴马又相继会见了多名创客空间负责人，并在充分调研的基础上宣布，未来四年内将为 1000 所学校引入创客空间；同年，美国政府出台了《促进创业企业融资法案》和《就业法案》，旨在“推动更多众筹（即大众融资）平台出现，为大众创新和创意发明提供资金支持”[②]。2014 年 6 月 17 日，美国总统奥巴马在白宫举办了“创客嘉年华”活动，呼吁全美人民共同参与到所在社区发起的创造和发明活动之中去，更史无前例地宣布把每年 6 月 18 日定为“国家创客日”，以示对创客及创客运动的支持和声援[③]。随着创客运动的发展，美国创客空间的数量不断增长、范围不断扩大，由最初的独立机构逐渐扩展到博物馆、图书馆、学校、社区学院、课外俱乐部等，正在形成更加多样化和复杂化的创客图景。

① 丁大琴. 创客及其文化历史基因探源. 北京社会科学，2015，(8)：22-28.

② 杨跃承，于磊. 创客：从中国制造到中国创造. 科技日报，2014-03-03（005）.

③ Obama B. Presidential Proclamation—National Day of Making. Washington，DC：White House Office of the Press Secretary，2014-06-17.

创客运动“从欧美来到中国大约是 2010 年”[①]。在中国以燎原之势发展起来的创客空间，向硬件高手、电子艺术家、设计师、DIY 爱好者和所有喜欢自己动手研究各种东西的人提供了一个开放式社区，根据兴趣共同开发有趣和富有意义的项目，同时还可举办包括电子、嵌入式系统、编程和机器人等不同主题的研讨会和培训，并提供运营代理、融资支持和销售平台等运营服务，使得项目能够产品化，走进人们的日常生活[②]。它们主要集中在北京、上海、深圳、广州、成都等大城市，其中“新车间”（上海，2010 年）、“柴火创客空间”（深圳，2010 年）、“车库咖啡”（北京，2010 年）、“北京创客空间”（北京，2011 年）等拥有一定的知名度。

2015 年 3 月 5 日，“创客”一词首次写入政府工作报告。2015 年 3 月 11 日，《国务院办公厅关于发展众创空间推进大众创新创业的指导意见》发布，要求“加快构建众创空间。……为广大创新创业者提供良好的工作空间、网络空间、社交空间和资源共享空间”。2015 年 6 月 16 日，国务院印发《国务院关于大力推进大众创业万众创新若干政策措施的意见》，要求“做大做强众创空间，完善创业孵化服务”。2015 年 9 月 8 日，科技部印发《发展众创空间工作指引》，进一步明确了众创空间的功能定位、建设原则、基本要求和发展方向，以指导和推动全国各地的众创空间建设。

2015 年 9 月 26 日，国务院印发《关于加快构建大众创业万众创新支撑平台的指导意见》，要求“各地区、各部门应加大对众创、众包、众扶、众筹等创业创新活动的引导和支持力度，加强统筹协调，探索制度创新，完善政府服务，科学组织实施，鼓励先行先试，不断开创大众创业，万众创新的新局面”。2015 年 10 月 19～23 日，首届“全国大众创业万众创新活动周”举行。活动周旨在搭建双创展示平台，推动形成新一轮创业创新热潮，以实现创新驱动发展，汇聚广大人民群众的智慧和力量。

从学校教育到社会教育、家庭教育，蓬勃兴起的创客运动对教育产生了广泛的影响。美国创客运动的发展、进步主义教育的传统、美国创客文化的熏陶、教育界的反思共同催生了创客教育[③]。2013 年以来，美国越来越多的中小学加入“创客运动”，实施“创客教育”，将“基于创造的学习”视作学生真正需要的学习方式[④]。2014 年 6 月，在白宫创客大会上，美国政府宣布在全国范围内倡导并实施

① 牛禄青. 创客：中国创新新势力. 新经济导刊，2014，(12)：10-17.

② 梁森山. 中国创客教育蓝皮书. 北京：中国工信出版集团，人民邮电出版社，2016：136-145.

③ 陈珊，韩芳. 美国创客教育的内涵与特征. 教育探索，2016，(9)：151-153.

④ 郑燕林，李卢一. 技术支持的基于创造的学习——美国中小学创客教育的内涵、特征与实施路径.开放教育研究，2014，20 (6)：42-49.

创客教育。2014年7月，美国“创客学校高等教育联盟” 成立。2015年6月，该联盟发布了美国高等教育机构第一份《创客现状报告》[①]。新媒体联盟发布的《地平线报告》2015、2016连续两年将“创客空间”作为一种预测性新技术纳入其中，并指出“创客空间”是未来2～3年内影响教育的关键技术等[②③]。

中国早期的创客教育多为少数学校和少数教师的自发探索，主要集中在通用技术、信息技术等学科领域；随后，在政府的支持和市场的牵引下，逐步形成蓬勃之势[④]。2016年，中共中央、国务院印发了《国家创新驱动发展战略纲要》，指出“创新驱动是世界大势所趋”。2016年，国务院发布的《全民科学素质行动计划纲要实施方案（2016—2020年）》中强调指出，“更新中小学科技教育内容，加强对探究性学习的指导”“鼓励普通高中探索开展科学创新与技术实践的跨学科探究活动”。2016年2月，教育部教育装备研究与发展中心召开了2016年创客教育专家委员会第一次会议，对“创客教育”进行了定义。2016年，教育部的《教育信息化“十三五”规划》指出，“有条件的地区要积极探索信息技术在‘众创空间’、跨学科学习（STEAM 教育）、创客教育等新的教育模式中的应用”。2017年，教育部发布《教育部教育装备研究与发展中心2017年工作要点》，表明要“积极探索新理念新方式”“持续关注 STEAM教育和创客等对中小学教育、课程发展的影响，开展移动学习、虚拟现实、3D打印等技术在教育教学中的实践应用研究”。2017年，教育部发布的《中小学综合实践活动课程指导纲要》（简称“《纲要》”）第一次提出“创意物化”这一目标，将“设计制作”作为综合实践活动的重要活动形式，并明确提出“学校要为综合实践活动的实施提供配套硬件资源与耗材，并积极争取校外活动场所支持……有条件的学校可以建设专用活动室或实践基地，如创客空间等”。《纲要》的发布为创客教育正式进入国家课程体系，在基础教育阶段全面实施综合实践课铺平了道路[⑤]。

北京、上海、深圳、温州、西安以及江苏、河南、山东、贵州、四川等地先后出台了地方发展创客教育的政策。2015年12月，由北京市教育委员会主办的首届北京市中小学生创客秀活动在北京市第八十中学体育馆开幕，活动旨在推动

① 美国创客学校高等教育联盟．创客现状报告．http://www.360doc.com/content/15/0904/16/18597149_496855212.shtml[2018-11-26].

② NMC地平线项目，苏宏，陈阳键，等．新媒体联盟2016地平线报告高等教育版[J]．广州广播电视大学学报，2016，16（2）：1-21，107.

③ NMC地平线项目，龚志武，吴迪，等．新媒体联盟2015地平线报告高等教育版[J]．现代远程教育研究，2015，（2）：3-22，42.

④ 王佑镁，钱凯丽，华佳钰，等．触摸真实的学习：迈向一种新的创客教育文化——国内外创客教育研究述评．电化教育研究，2017，38（2）：34-43.

⑤ 谢作如．基于国家课程实施创客教育——以综合实践活动课程为例．中国信息技术教育，2018，（9）：10-12.

中小学的创新实践，充分发挥创客活动对科技创新教育发展的作用，探索建立青少年学生参与科技创新的平台。2015 年 10 月，深圳市教育局下发《深圳市中小学科技创新教育三年行动计划（2015—2017 年）》；2016 年 10 月，深圳市教育科学研究院发布《深圳市中小学创客教育课程建设指南（试行）》《深圳市中小学创客教育实验室建设指南（试行）》。2017 年 4 月，上海市教育委员会表示，到 2020 年实现创新实验室中小学校全覆盖。上海将创新能力的培养直接提早到中小学阶段，从政策层面让“开启科技创新的探索之路”铺设到人才培养的前期。

目前看来，创客运动跨越了正式教育与非正式教育之间的鸿沟，改变了我们对学习、学习者、学习环境等重要教育概念的认识，推动了创客教育的萌芽与发展[①]。创客教育与创客式学习作为重在培养学生创造与创新能力的新型教育方式，为解决当前人才培养中存在的高分低能、创新人才缺乏等现实问题，提供了新的解决思路，越来越多的大学、职业院校和中小学开始探索实施创客教育[②③]。

1.3.2　创客教育的内涵

学者祝智庭和雒亮认为创客教育有广义和狭义两层概念层理解[④]。广义上，创客教育应是一种以培育大众创客精神为导向的教育形态。狭义上的创客教育则应是一种以培养学习者，特别是青少年学习者的创客素养为导向的教育模式。它包含正式学习，也包含贯穿学习者一生的非正式学习。从现实看，创客教育是一种融合信息技术、秉承“开放创新、探究体验”的教育理念，以“创造中学”为主要学习方式和以培养各类创新型人才为目的的新型教育模式，是创客文化在教育中的体现，是“知识创造”取向学习理论的体现[⑤⑥]。为拓展创客教育的视野，有研究者把创客教育分为三个方面：有关创客的教育、通过创客的教育和为了创客的教育[⑦]。

创客教育与以往的教育模式相比有一些新的特点[⑧]。

（1）理念的融合——真实情境中的手脑并用。作为体验教育理念的忠实实践者，创客教育主张“做中学”，让学生在真实的创客项目中开展协作，发现问题，

① 田友谊. 创客教育：源起、内涵与可能路径. 比较教育研究，2016，38（1）：22-28.

② 杨现民，李冀红. 创客教育的价值潜能及其争议. 现代远程教育研究，2015，（2）：23-34.

③ 宋述强，钟晓流，焦丽珍，等. 创客教育及其空间生态建设. 现代教育技术，2016，26（1）：13-20.

④ 祝智庭，雒亮. 从创客运动到创客教育：培植众创文化. 电化教育研究，2015，36（7）：5-13.

⑤ 杨现民，李冀红. 创客教育的价值潜能及其争议. 现代远程教育研究，2015，（2）：23-34.

⑥ 吴向东. 创客教育：从知识传承到知识创造. 中小学信息技术教育，2015，（7）：16-18.

⑦ 王佑镁. 发现创客：新工业革命视野下的教育新生态. 开放教育研究，2015，（5）：9-57.

⑧ 祝智庭，雒亮. 从创客运动到创客教育：培植众创文化. 电化教育研究，2015，36（7）：5-13.

分析问题，寻找解决方案，创作项目作品，完成“让劳心者劳力，让劳力者劳心，手脑并用”的过程，由于创作过程融合了多门学科的不同知识与技能，因此在创作的过程中，学生可以实现对知识和技能的体验、内化与巩固，最终实现陶行知先生主张的“心理的创造”与“手脑双全”。

（2）教学内容与方法——创客教育的内容与方法都体现出项目学习的特征。项目学习法可看作是贯彻体验教育与情境学习理念的具体实践方法。创客教育中学生所需掌握的知识和技能潜藏在一个个精心设计的创客项目之中，而非存在于书本中或教师教条式的讲述之中。学习的过程是学生借由完成一个个富于挑战的创客项目活动完成的。这些创客学习项目具有一系列特点，如要与学习者生活环境存在切身性，要具有一定的新颖性以激发学习者的学习热情，要具备由浅入深的难度和复杂性以调动学习者的动力，需要让学生调用各种资源，还要通过分工让学生互动协作，鼓励学生分享经验和学习成果，还要保证一定的强度和合理的时间分配。通过一段时间的创客项目活动，学习的结果表现为学生现实的成就，学生生成了复杂的智力成果——创客作品，以及知识的内化与情感的体验。

（3）教师角色之重构——从教师到帮促者。创客教育中，学习内容不再是固化的书本知识，教师的角色与任务也发生了变化。首先，创客教师是学习情境的设计者（designer），需要为学习者设计解决其生活中的实际问题的创客学习项目；其次，创客教师是资源的管理者（manager），教师需要负责创客项目小组的人员调配的工作，调配拥有不同认知水平、不同学习偏好、不同能力方向的学习者之间的交互协作，同时也要为不同的创客项目调配各种资源，如项目所需技能的学习资源、大小型电器加工设备、开源硬件以及各种开发辅助设备；再次，创客教师是学生学习过程的调控者（coordinator），教师在创客项目开始时，为学生提供适当的任务支架（scaffolding），在学生能够自主实践时及时地撤除支架；最后，创客教师还是实践质量的提升者（improver），在学生的创客项目学习过程中起到质量监控的作用，随时掌握不同学习小组的进度与人员协作分工运转情况，在遇到困难的时候，创客教师可提供适当的技术指导和心理状态的疏导，使学生始终处在一个积极的学习状态中。

（4）学习者的全面发展——从学习者到挑战者。创客教育中的学习者不是被动的接收者或适应者，而是创客学习项目的挑战者。通过项目闯关，学习者逐渐掌握系统化的学科知识，并成为将相关知识应用于实践以创新性地解决问题的高手，最终实现手脑协同发展，成为聪明的人。而对社会而言，创客教育闯关成功的挑战者，由于具备了人际沟通、团队协作、创新问题解决、批判性思维及专业技能等五个方面的能力，可以快速适应工作岗位的需求。

创客教育的健康有序发展，需要一个动态的、系统的生态体系来保障。影响创客教育运作的外部因素，可能包括历史因素（社会发展进程）、自然环境（地理位置和自然状况）、人口特征（人口规模、年龄分布等）、经济环境（经济水平、经济制度等）、政治环境（政体、政治文化等）、社会文化环境（个体主义、集体主义）、科技环境（现代信息技术等）；内部因素可能包括教师（人格特质、素质结构等）、学习者（人格特质、素质结构等）、学习环境（物理空间、资源、工具、活动等）、创客课程（目标、内容、组织、评价等）。

创客教育重在提升学习者的创客素养。创客素养是指学习者创造性地运用各种技术和非技术手段，通过团队协作发现问题、解构问题，寻找解决方案，并经过不断的实验形成创造性的制品的能力[①]。它与学习者的人际沟通、团队协作、创新问题解决、批判性思维和专业技能等方面的能力有关，也决定着学习者在未来是否能够适应社会与工作，获得自我实现。创客素养并不是一种单一的技能或能力，而是一种关乎所有人基本发展的、复合的重要技能。作为个体自造能力的具体表现，创客素养是以工匠精神为内核，强调创新创造、动手操作、协同合作、分享交流以及批判反思整合等一系列关乎个体基本发展的重要能力，具体表现在行为、人际、元认知和艺术等四个领域。对于学校教育而言，创客素养的培养不仅仅是在创客空间里进行的活动，更要深度融合于项目活动、学科教学、学校文化等方面。其中，创新是创客的根本特征，具备新奇独特的想法，才有实现想法的可能，创客的活动必然是创意十足的。可以说，创造力是创客素养中的最为核心的要素。

1.4 “设计型学习”的兴起

近年来，作为与“创造”联系紧密的活动，“设计”正逐步引起人们的关注。从论述宇宙万物、生命存在意义的“大设计”、政治体制改革中的“顶层设计”到与人们生活息息相关的“职业设计”“生涯设计”，“设计”无疑成为近年来社会生活中的高频词。这股“设计”热也许源于人们对设计的本质和意义有了更深刻的认识。Rowland 认为，设计以一种不可预料的方式改变着自然世界，人类

① 王佑镁，王晓静，包雪. 成为自造者：众创时代的创客素养及其发展. 中国电化教育，2017，(4)：10-16.

可以行使一些对自己生活的控制，可以改变自然世界，还可以创造未来①。可以说，设计是人类改造自然的一种活动，而它又促进着人自身的进化。Heskett 认为，“设计从本质上来说，可以定义为人类的基本能力，人类制造以前生活中不存在的东西，来满足人们的需要，赋予生活新的意义”②。

丹尼尔·平克分析了经济全球化背景下，美国国民的生活受到自动化、亚洲外包风潮的巨大冲击和物质丰富的影响，已经步入概念时代③。概念时代需要主要角色具备设计感的思维品质，因为设计是典型的全脑思维智能，是实用性和意义性相结合的。他进一步解释，一个人要想获得职业上的成功和满足感，他必备的一种基本能力便是设计，原因在于：第一，随着物质日益丰富和先进科技的普及，设计日渐为人们所熟悉，越来越多的人参与到设计活动中去，成为设计业内人士。第二，在物质极大丰富的年代，设计对现代商业变得至关重要，因为通过设计可以做到与众不同，并产生新市场。第三，越来越多的人具有了设计感，人们越来越有可能达到设计的终极目标：改变世界。可以说，在未来社会中，人人都是设计者、设计终将为人人。

同时，设计不再囿于工业、商业及艺术领域中的应用，在教育领域，人们发现可以将设计作为一种学习手段，以此提升个体的创造力。Resnich 解释了创造性思维与设计之间的联系，即要想成为有创造性思维的人，最好的方式就是创造，创造性思维的根源就是创造，因此，应“努力为年轻人提供设计、创造和发明的机会，使他们在设计、创造和发明的过程中学到很多知识，并且培养起创造性思维”④。设计过程本身具有一些可以成为绝好学习机会的因素。如，通过试用和研究自己做出的实物，学习者可以发现它是否符合当初的设想，如果它不符合设想，则又会给人以新的启示；主动式设计能使新想法带来新的设计，由新的设计再产生新的想法，形成一个反复循环。

“设计型学习”在美国应运而生，并逐步发展为一种形式丰富的学习方式，包括各种组织主办的设计类竞赛活动、校方自发的设计活动教学、大学研究项目的拓展实验等，如波士顿建筑师协会每周六开展 k12 学生及家长的家庭日活动，鼓励儿童和成人进行观察、共同探索和设计，在 2 个小时工作坊时间内，每个家庭通过展览等了解建筑及设计的相关知识，然后完成一个实用的设计活动。密歇根大学的“基于设计的科学”项目中，要求学生设计和制作船只、花房和弹弓等。

---

① Rowland G. Archetypes of systems design.Systems Practice，1995，8（3）：277-288.

② Heskett J. Design：A Very Short Introduction. Oxford：Oxford University Press，2005：38.

③ 丹尼尔·平克. 全新思维：决胜未来的 6 大能力. 高芳，译. 杭州：浙江人民出版社，2013：73.

④ 新浪科技. Dr. Mitchel Resnich：在设计中进行终身学习. http://tech.sina.com.cn/it/2005-09-21/1445725853.shtml[2014-10-13].

佐治亚理工学院的"设计型学习"课程包括各种各样的设计挑战，旨在加深学生对关键科学原理的理解，比如帮促6年级的学生设计并制作出一整套人工肺和呼吸系统各部位的工作模型。

其他国家也不乏设计型学习的应用案例。如马来西亚的一些中学在美国佐治亚理工学院"设计型学习"项目组的支持下，围绕"可持续发展"问题，与美国亚特兰大市城市高中学生展开互动学习，该项目的主题整合了生态学、环境科学、经济学、社会学、政治方面的知识，要求学生以小组、班级的形式解决他们所处社区的环境问题。

在我国，人们通过设计活动进行学习，多半是在创造教育或是其他学习方式的名义下进行的。在创造教育的背景下，国内许多学校开展了以设计活动为中介的学习项目。以上海为例，向明中学、华东师范大学第二附属中学、控江中学、和田路小学、控江新村二小等在利用设计活动培养学生创造思维方面积累了一定经验。如上海向明中学成立机器人工作室，力求让每个学生都能在良好的氛围中创造出技术含量丰富、创意新颖的机器人作品，通过常规竞赛、足球赛、机器人比赛、创意竞赛等，学生可以自由选择发展方向，该中学的"科学与艺术探索中心"设立了机器人工作室，向全校学生及向明教育园区的中小学学生开放。和田路小学的"创造学院"通过为学生开设"3D 打印"等课程，通过艺术、科技、数字化体验，力图促进学生的创造力发展。

综上所述，提高国民创造力是各国政府教育目标的焦点与重点所在。正如哈格里夫斯所言，"知识社会中的学校必须能够培养学生的创造力、灵活性等素质，否则其民族和国家将会面临落后的命运"①。在此背景下，教育研究者对创造力发展的探讨可视为对时代进步、人才发展目标要求的有力回应。同时，将"设计"作为一种学习方式，借以提升学习者的综合能力，是近年来国外综合素质教育的新动向。与国外的应用相比，国内实践更像是一种自发、随机的行为，缺乏较全面且深刻的认识，因此无法有效开发设计活动以提升创造力的潜力。究其原因在于国人对设计的意义、设计型学习的含义、设计型学习可能对创造力发展带来什么影响等尚不明了。在此背景下，立足中国基础教育实践，探讨利用、开发、管理设计活动进行学习，探索创客教育背景下的指向创造力发展的设计型学习，具有十分深刻的理论与实践意义。

① 安迪·哈格里夫斯. 知识社会中的教学. 熊建辉，译. 上海：华东师范大学出版社，2007：2.

第2章 创造力与设计型学习的概念界定

2.1 创造力的内涵及其发展条件

2.1.1 创造力的定义

在我国，“创造”一词最早来自孔子的《论语·宪问》，子曰：“为命，裨谌草创之。”唐代颜师古注：“创，始造之也。”意思是说，创造属前所未有的东西。《后汉书·应奉传》中完整地出现了“创造”的词条：“凡八十二事……其二十七，臣所创造。”《辞海》中也对创造做出了相近的诠释：“做出前所未有的事情，如发明创造。”创造的英文为 create，一般称为 make out of nothing，也称首创[①]。

本书将“创造”界定为提出或产出具有新颖性（即独创性和新异性等）和适切性（即有用的、适合特定需要的）工作成果的活动。与创新相比，创造强调前所未有的新事物，是“无中生有”。创新则强调对现有事物的改进、完善、拓展与延伸，使其更新为新东西，即“有中生新”[②]。二者在实践活动的起点和对事物的改造程度上有所区别。

心理学领域对创造力的定义十分丰富，有数百种之多，大致可分为人格定义、过程定义、产品定义三类，以下将做分类介绍。①人格定义从人格的角度描述创造力。如日本创造学会执委会主席恩田彰将创造力定义为“创造力是产生符合某种目标或新的情景或解决问题的观念，或者是创造新的社会（或个人）价值的能力以及以此为基础的人格特征”[③]。②过程定义倾向从创造思维的过程来界定创造力的特征。Ford 认为，创造力是我们每个人具有的、可以改变的、有意识的过程，这个过程是可以鉴别的并通过所创造产品的独特性和价值性来证实[④]。叶玉珠认为，创造力是个体在特定领域中，产生一个在所处的社会文化脉络中具有

① 袁张度. 创造学与创新方法. 上海：上海社会科学院出版社，2010：49.

② 吴建国，沈世德. 创造力开发简明教程. 南京：东南大学出版社，2009：22.

③ 恩田彰. 创造性心理学：创造的理论和方法. 陆祖昆，译. 石家庄：河北人民出版社，1987：79.

④ Ford D Y，Harris J J. The elusive definition of creativity. Journal of Creative Behavior，1992，(3)：186-198.

“原创性”与“价值性”的产品的过程[①]。③产品定义则从创造活动的产物或产品的特性来界定创造力。斯滕伯格[②]指出“创造力是一种提出或产出具有新颖性（即独创性和新异性等）和适切性（即有用的、适合特定需要的）的工作成果的能力”[③]。以上三类定义中，产品定义是一种最具影响力和代表性的定义，逐步为多数研究者所接受[④]。

综合已有的定义，本书认为，创造力是个体在特定领域中、在所处的社会文化环境中，提出或产出具有新颖性（独创性、新异性等）和适切性（有用的、适合特定需要的）的工作成果的能力。显然，这是一个产品定义，即根据结果来判断创造性的。定义中的“产品”是指以某种形式存在的思维成果，它既可以是一个新概念、新思想、新理论，也可以是一项新技术、新工艺、新作品。

创造性产品的判断标准有四，即产品是否独特、是否新异、是否具有价值、是否适合当下情境。“独特”指不同凡俗、别出心裁，这是相对他人而言的，为一种横向比较；“新异”主要指不墨守成规、敢于破旧立新，这是相对历史而言的，为一种纵向比较；“有价值”分为“有社会价值”和“有个人价值”：“有社会价值”是指对人类、国家和社会的进步具有意义，“有个人价值”则是指对个体的发展具有意义；“是否适合当下情境”指的是与工作成果产生的环境之间的互动是否合理、贴切。此外，创造力有领域之分，如有些人在艺术领域很有创意，但在数理领域则毫无创意。创造力与文化价值的认定有关，如在现代文化当中被珍视的创造性产品，在非洲某原始部落就可能被视为毫无用处的废物。

根据创造程度的不同，斯滕伯格从范式转变的角度界定了创造力的 8 种不同类型[⑤]。

（1）接受并试图扩展现有范式的创造力类型。①重复。这种创造力的贡献是在证明：一个领域正处于正确的位置。这种推进力维持一个领域，而不是推动它。这类创造力的代表是静止的运动，如同车轮在原地转动。②重新定义。这种创造力的贡献是重新界定一个领域的位置，从不同的视角来看待领域的现状。这种推进力导致循环运动，创造性工作引导回到领域现状的位置，但却是以不同的角度看待它。③向前推进。这种创造力的贡献是推动一个领域朝着当前的方向继续前进。④超前向前推进。这种创造力的贡献是推动一个领域朝

① 叶玉珠.“创造力发展的生态系统模式”及其应用于科技与资讯领域之内涵分析. 教育心理学报，2000，(1)：27.

② 文献中有“斯滕博格”“斯滕伯格”两种译法，正文中统一用作斯滕伯格.

③ 罗伯特 • J. 斯滕博格. 创造力手册. 施建农，等译. 北京：北京理工大学出版社，2005：3.

④ 张文新，谷传华. 创造力发展心理学. 合肥：安徽教育出版社，2004：5.

⑤ 罗伯特 • J. 斯滕博格. 智慧　智力　创造力. 王利群，译. 北京：北京理工大学出版社，2007：149-173.

着当前方向继续前进，但是超出其他人所设想的发展程度。这样的推动作用产生的向前发展的速度会超过期待的发展速度。

（2）拒绝并试图取代当前范式的创造力类型。⑤改变方向。这种贡献尝试改变一个领域的研究方向。因此，这样的推进作用可能导致该领域朝着不同于当前发展的方向前进。⑥重构或改变方向。这类创造力的贡献尝试回到该领域以前的状态（重构过去），这样它就可以以此为起点，朝着一个与以往不同的方向发展。推进作用引导以后发展，然后改变方向。⑦重新开始。这种创造力的贡献尝试推动一个领域达到目前尚未达到的新起点，然后从这一新起点朝着不同于该领域当前的方向发展。

（3）整合现有不同范式的创造力类型。⑧整合。此类创造力的贡献尝试将关于一个现象的完全不同的两种思维方式合并成为关于该现象的单一的思维方式。因此，这种推进作用是把两种不同的方法联系了起来。

可以看出，斯滕伯格对创造力类型的分类，建立在创造力成果对社会贡献程度的基础上，具有一定的科学性，但却未必全面。博登（Boden）界定了“心理创造力 ”（又称 p 创造力或 p⁻创造力，personal/psychological creativity）和“历史创造力”（又称 h⁻创造力，historical creativity）[①]。p 创造力指工作成果相对于个人的新奇度。一个建筑师设计一个高层建筑时利用反射玻璃，对他来说这是第一次，可被视为产生了 p 创造设计。h 创造力是最高形式的创造，站在人类历史发展的角度评价其新奇度。第一台蒸汽机就是一个 h 创造设计。h 创造设计必须涉及 p 创造设计。综合斯滕伯格与博登的研究，依据本书对创造力的定义，我们从“新颖”“适切”的角度，按“个体”“社会-历史”层面分析创造力的层次（表 2-1）。

表 2-1 创造力层次分类

特征	个体	社会-历史
新颖	1．产生非习惯性产品的能力	3．产生非传统性产品的能力
适切	2．产生对个体有价值产品的能力	4．产生对社会有价值产品的能力

Ⅰ-创造力（1）：该层次创造力的“新颖”特征是针对个体心理发展而言的，个体创造一些对自己来说是新颖的、非习惯性的产品。

Ⅱ-创造力（1＋2）：该层次创造力的“适切”特征是针对个体心理发展而言的。个体创造一些对自己来说是新颖的、非习惯性的、对个人有价值的产品。具

① Boden M A. The Creative Mind：Myths and Mechanisms. Weidenfeld：Abacus and Basic Books，1990：105.

体说来，未成年人所利用的知识虽然是前人创造的成果，但他们作为学习的主体处于再发现的地位，学习活动仍然具有发现或再发现的性质，虽然一般不具有较大的社会价值，但具有较大的个人发展价值。例如，小学生造的纸桥，在现实生活中并无实际的利用价值，但在造纸桥的过程中，小学生通过科学探究与设计实践掌握了相应的知识和技能，这对他个体发展而言是有积极价值的。

Ⅲ-创造力（1＋2＋3）：该层次创造力的"新颖"特征是针对社会-历史发展而言的，个体能够创造一些对自己来说是新颖的、非习惯性的、对个人有价值的、对社会文化来说是非传统性的产品。

Ⅳ-创造力（1＋2＋3＋4）：该层次创造力的"适切"特征是针对社会-历史发展而言的，个体能够创造一些对自己来说是新颖的、非习惯性的、对个人有价值的、对社会文化来说是非传统性且有价值的产品。创造的成果表现为新的科学发现、新的艺术革命、新的技术发明和新的社会规划等，对社会和历史的进步具有积极的推动作用。

以上这四个层次虽然有其大致的顺序，但在年龄上会产生重叠的现象；此外，这四个层次的表现依据不同领域而定，任何一个人在任何一个年龄学习任何一个领域的知识都可以追求这四个层次的发展，而且会在不同的领域处于不同的层次。最后，这四个层次的发展会有个体差异，就同一个领域而言，有些人可以在很年轻时达到层次 Ⅳ，但有些人可能一辈子都达不到层次 Ⅳ。

笔者认为，未成年人与成年人的创造有共同的心理规律，它们都是人脑根据已知的一切信息，产生或可能产生出某种新颖、独特、有用的、适切的产品的智能品质或能力，这是一个人的心理活动在最高水平上表现出来的综合能力。然而，未成年人与成年人的创造力发展在程度上存在差别，可能在初始阶段更多地表现出Ⅰ、Ⅱ 型的创造力，在心智与外在环境逐步成熟的条件下，逐步向 Ⅲ、Ⅳ 型过渡，并在发展过程中体现出以下突出特征：不断发展变化、比较简单和初级、自发性强、表现得十分广泛、表现为创造性想象等。

此外，未成年人创造力的表现方式、表现时机可能与成人存在差别。虽然产品的新颖性、独特性、价值大小等是判断一个人是否具有创造力的主要标准，但这并不意味着由此可以断定没有产生出创造性产品的个体就没有创造力。有无创造力和创造力是否表现出来并不是一回事，具有创造力并不一定能产生出创造性产品。要想产生出创造性产品除了个体具有创造力外，还需要有将创造性观念转化为实际创造的相应知识、技能以及保证创造性活动顺利进行的一般智力背景和个性品质，同时它还受到外部因素，如机遇、环境条件等的影响。因此，创造力有内隐和外显之分。受身心发展阶段和客观条件的限制，未成年人创造力的表现形式可能更倾向于内隐，而表现时机则可能在未来很长一段时间内出现。

2.1.2　创造力的发展条件

费尔德曼认为，创造力是一种发展性转变，是知识和理解的再组织，这种重组能够导致产品、观念、信仰及技术方面的变化，因此，创造力在本质上是一个发展的问题[①]。在众多创造力发展的研究中，斯滕伯格的创造力投资理论具有较广泛的影响力，他认为那些具有创造性的人在想法的世界中选择“低买高卖”，即他们产生的想法往往“公然对抗众人”（低买），然后，当他们说服了很多人后，他们就“高卖”，这意味着他们又继续下一个不受欢迎的想法。依据创造力投资理论，斯滕伯格认为创造力的发生需要六个独立而又相互联系的资源共同作用，即智力技能、知识、思维风格、人格、动机和环境[②]。

（1）智力技能。有三种智力技能特别重要：①用新角度看待问题，冲破常规思维限制的创造性技能；②判断自己的哪些想法值得付出努力的分析性技能；③知道怎样说服他人尊重自己的想法的实践性技能。这三种技能的整合很重要，只使用分析性技能而没有使用其他两种技能会产生强大的批判性思维，而不是创造性思维；只使用创造性技能而没有使用其他两种技能可以产生新的想法，却不能对这些新想法进行审查；只使用实践性技能可能会使社会接受一个人的想法，但接受的原因不是因为这些想法好，而是由于它们已经被很好地、强有力地表现出来了。

（2）知识。一方面，个体需要了解特定领域的足够的知识，才能推动整个领域向前发展，假若他不知道该领域的状况就不可能推动它进步；另一方面，关于一个领域的知识可能导致故步自封的想法，把个体限制在过去看问题的思路中。知识与创造力之间的关系呈倒U型，即适量的知识最有益于创造力萌发。因此，个体不但需要选择运用知识，还要让知识成为自己的助手，而不是羁绊。

（3）思维风格。思维风格是个体偏爱的使用自己技能的方式，从本质上说是选择如何部署自己已有的技能。在思维风格中，“立法型”（legislative）风格对创造力而言至关重要，这种风格表现为不喜欢随众，喜欢自己制订规则，以自己的方式去做事。

① 费尔德曼. 创造力的发展//罗伯特·J. 斯滕博格. 创造力手册. 施建农，等译. 北京：北京理工大学出版社，2005：135.

② 罗伯特·J. 斯滕博格. 智慧　智力　创造力. 王利群，译. 北京：北京理工大学出版社，2007：128-130.

（4）人格。某些人格特征对创造力的发展十分重要，包括（但不限于）：愿意克服困难、愿意承担风险、愿意容忍含混性、具有较高的自我效能感。特别是，“低买高卖”一般意味着“公然对抗众人”，因此如果一个人想要创造性地思考和行动的话，他就必须愿意勇敢地打破常规。创造力强的人常常寻求对立面，以选择用与别人不同的思维方式进行思考。

（5）动机。对任务感兴趣的内在动机也是创造力的本质特征。任务动机而不是目标动机、内在动机而不是外在动机，更有利于创造力的发展。任务定向动机不仅对目标感兴趣，更对达成目标的方法、途径感兴趣。内在动机是持久的，不会因为外在回报的变化而变化。高创造力的人都非常热爱自己的工作，对工作抱有极高的热情，能将精力集中于自身的工作，而不是工作带来的报酬。

（6）环境。个体需要一个支持并奖励创造性想法的环境。环境至少可能从三个方面支持创造力的发展：帮助激发有创意的想法，支持实践这些想法，在这些想法发展的过程中有助于评估和纠正这些想法的不当之处。个体可能具备了所有进行创造性思维所需的内在资源，但是如果没有环境的支持，那么他的内部创造力可能永远不会展示出来。

创造力的发展需要整合这六种资源，但这并不意味着创造力的发挥需要同时应用这六种资源，也不是说创造力的产生是这六种资源的简单叠加[①]。①对创造力而言，有些资源存在最合适的“度”，如知识就像一把双刃剑，太多或太少的知识都会抑制创造力的产生，而不管其他资源充沛与否；②某些资源，如人格的养成，是需要较长周期的，不可能在短期内见效；③六种资源之间的交互是动态的，如“创立规则型”思维风格的人如果缺乏一定的智力技能，不论其他资源水平如何，都不会产生创造性想法；④针对不同的创造性任务，各种创造力资源所占的比重也有所不同；⑤各种创造力资源之间可以产生互相补充的作用，如动机优势可以弥补环境的不足；⑥各种资源之间也可以产生相互作用，如高水平的智力与强烈的创造动机可以成倍地提高创造力。

叶玉珠在前人研究的基础上，构建了个体创造力发展的生态系统（图 2-1），用“小系统”“中系统”“外系统”“大系统”细化了创造力发展所需的资源的分类[②]。①小系统包含个体与生俱来已经习得的特质，如知识、经验、智力、意向、技能等，这些特质是产出创造性产品的必要条件。②中系统包括个体成长的家庭

① 杜娟. 译者序：WICS——培育生活智慧的理论 // 罗伯特·J. 斯滕伯格，琳达·贾温，埃琳娜·格里格伦科. 教出有智慧的学生：为智慧、智力、创造力与成功而教. 杜娟，郑丹丹，顾苗丰，译. 福州：福建教育出版社，2012：11-13.

② 叶玉珠. “创造力发展的生态系统模式”及其应用于科技与资讯领域之内涵分析. 教育心理学报，2000，(1)：103.

及学校环境（含正式与非正式学校环境），此系统与小系统互动并影响小系统中个人特质的发展。但随年龄增长，中系统的影响可能变成间接影响，且影响力会减弱。③外系统包括与个体工作相关的组织环境（含个体所处的组织环境与专业领域的社会组织的人、事、物），此系统会与小系统产生互动而直接或间接地影响个体创造性产品的产生。④大系统包含个体所在社会的文化、习俗、社会价值观、社会期望等，此系统除了会影响前述三个子系统的发展外，更会影响创造性产品的评价。

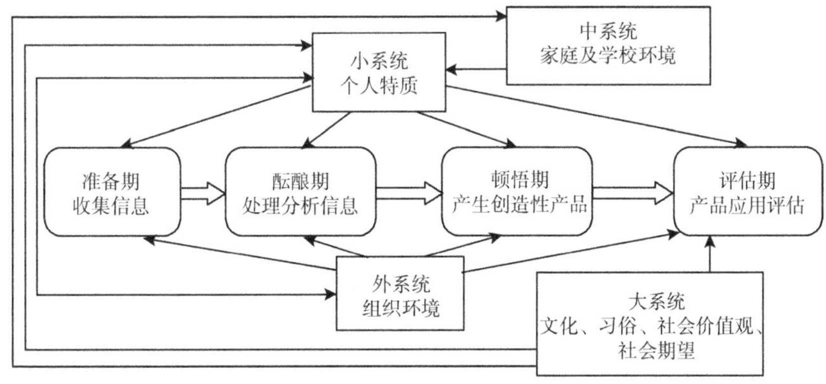

图 2-1　个体创造力发展的生态系统

关于是否可以促进人的创造力，雷蒙德认为，在没有有力的证据证明探索增加创造力的方法是无效的情况下，这种探索——帮助人更好地发展他的潜能——是一个合理的追求，尽管有些单薄，但有证据表明创造力是可以提升的，人们还没有完全理解如何提升创造力，但是有些可能性值得探索[①]。如何促进创造力的发展？近期和当前研究创造力的学者基本上都同意创造力受很多因素的影响，包括人格特点和社会文化与环境的因素，以多种变量的形式出现：能力、兴趣、态度、动机、一般智力、知识、技能、习惯、信仰、价值和认知风格等。

斯滕伯格在创造力资源理论的基础上，提出了培育学习者创造性智力的 21 种具体策略：①重新界定问题。②对假设提出质疑和分析。③善于向别人兜售创意。④催生创意。⑤不落俗套，跳出框架看问题。⑥确定并克服障碍。⑦承担合理的风险。⑧容忍模糊性。⑨强化自我效能感。⑩发现真正的兴趣所在。⑪延迟满足。⑫为发挥创造力提供各种示范与便利。⑬提供榜样示范。⑭学会跨界思考。

① 罗伯特·J. 斯滕博格. 创造力手册. 施建农，等译. 北京：北京理工大学出版社，2005：3.

⑮留有创造时间。⑯指导并且评估创造性。⑰奖励创造性。⑱奖励对创造做出的努力。⑲鼓励协同努力。⑳学会从别人的视角看问题。㉑穷其一生发展创造力[①②]。

可以说，斯滕伯格等从资源与策略的角度界定了创造力发展的条件。那么，我们该如何在生活与教育中创造以上条件？又该以怎样的活动促进学习者的创造力发展？设计型学习能否作为此类“脚手架”？出于以上考虑，下面将重点讨论设计及设计型学习的内涵、意义，以探寻设计型学习促进创造力发展的可能。

2.2 设计型学习的内涵

2.2.1 设计的内涵

在探讨设计型学习的内涵之前，我们有必要厘清“设计”的基本定义。设计是人类最普遍的思维与实践活动。西蒙认为“每一种人类行为，只要是意在改变现状，使之变得完美，这种行为就是设计性的”[③]。然而，设计的目的并不简单，起初的设计是为了生存，但人类具有持续改进和发展的愿望。Nelson 等人总结了设计的几种基本目的：生存、提高、发展、繁荣、进化、服务他人、发掘事物的持续价值、创造具有真实结果的事物、参与无终点的创世过程。与之相对应的设计动机有：控制、出于需要、带来秩序、赋予意义、唤醒设计意愿、追求愉悦与智慧、缺少整体感、提供服务等。在最基础的层次上，人类被迫进行设计——设计是自由意愿的代理，人们利用设计智能实践设计意愿[④]。我们的设计意愿，推进我们创造新意义、新形式及新事实。在更为抽象的层次，我们设计是因为我们感觉缺少了整体感——我们发现世界不能令我们满意。最终，我们诉求于设计，因为它是一种能够带来愉悦、秩序感、意义的手段。

总之，设计活动或过程存在的意义在于“将一个现存的情境改变成为所期望的情境”。从广义上说，设计的最终目的是“创造合理的生存方式”[⑤]。“创造”是人类区别于其他动物的主要特征之一；“合理”规定了“创造”的价值

① 罗伯特·J. 斯滕博格. 智慧　智力　创造力. 王利群，译. 北京：北京理工大学出版社，2007：132-148.

② 盛群力，马兰. 斯滕伯格论成功智力及其成分技能解析——学习、事业与生活成功的视角. 远程教育杂志，2011，(2)：70-76.

③ 赫伯特·A. 西蒙. 关于人为事物的科学. 杨砾，译. 北京：解放军出版社，1985：118.

④ Nelson H G，Stolterman E. The Design Way：Intentional Change in an Unpredictable World. Cambridge，Massachusetts：The MIT Press，2012：12-13.

⑤ 荆雷. 设计概论. 石家庄：河北美术出版社，2007：21.

标准，融合了主观与客观的统一，也强调了真、善、美的统一；“生存方式”体现着特定时期的物质生产与科学技术水平，也反映了一定的社会意识形态，与社会的经济、政治、文化和艺术有着密切的联系。

1. 已有的设计定义

对大多数人而言，设计是一个宽泛而深刻的概念，综观当代对设计的定义，林林总总有上百种。若要达成准确认识，我们有必要对已有的设计定义做出分类和评析。然而，进行分析与评析是需要借助一定标准的。Mahdjoubi 从本质属性的角度出发，将设计的定义归纳为活动类、计划类和认识论类①。他的划分边界虽然未达到绝对清晰，但仍可以帮助我们认识设计的概貌。

1）设计是一种改造世界的活动

这是将设计广义地理解为人类认识与改造社会的活动。从原始社会的刀耕火种，到现代社会的精密仪器，设计伴随技术与文明的进步而发展。根据经济形态与社会意识的不同，有学者将设计活动的历史归纳为萌芽时期、手工业时期、工业时期和后工业时期②。以下做具体介绍。

（1）萌芽时期（史前至陶器的出现）。人类为了自身的生存和发展就必须通过劳动来取得基本的生存条件。在漫长的劳动过程中，人类的生理和心理状态得到逐步的提高，石器工具的出现便意味着人类有目的、有意识的设计活动的开始。该时期，除了工具外，人类也拥有了衣物、掩体等最基本的生活用品的设计能力，设计成品作为四肢的延伸与体力解放的工具，是该时期的主要特征。

（2）手工业时期（陶器出现到第一次工业革命）。该时期主要依靠手工劳动配合简单的机械工具，以个人或封闭式的小作坊作为生产单位，对来自自然界的物质进行简单或复杂的加工或利用。集设计者与生产者于一身的个体劳动，贯穿于产品的整个生产过程当中。该时期的个性化加工与工业时期的“批量生产”有着本质的区别。

（3）工业时期（第一次工业革命至计算机技术的出现）。第一次工业革命带来的机器生产改变了生产力的基本条件，也改变了社会的政治、经济、文化面貌，使设计进入了一个全新时期。在追求“效率”与“控制”的环境中，设计从制造业中分离出来成为独立的行业。标准化与批量生产，磨灭了早前设计中的个人风格与技巧的存在空间。评价设计优劣的唯一标准是利益，如何省工、省料、省钱，

① Mahdjoubi D. Design methodology as a migration from analytic methodology. Design Management Review. 2007，18（4）：50-57.

② 荆雷. 设计概论. 石家庄：河北美术出版社，2007：84-108.

艺术性和文化性为此让步。人们有可能利用更为强有力的动力和机械达到自己的设计目的，拥有更广泛的自由空间。

（4）后工业时期（计算机技术的出现至今）。计算机技术的发展将人类社会带到一个非物质社会，即人们经常所说的数字化社会、信息社会或服务型社会[①]。大众媒介、远程通信、电子技术服务等的普及，使得社会的需求方式从“硬件需求”转变为“软件需求”。非物质社会最根本的变化就是思维方式的改变，设计趋势正从“物”向“非物”发展，形成以下特征：目的的多样化与普遍化、过程的虚拟化与灵活化、理念的人性化、功能的超级化、形式的艺术化、消费的多样化、保障的服务化等[②]。设计方法将科学方法论和艺术方法论结合得更加紧密，设计不再只追求质变的创造，其衡量标准更多地需要考虑受众的感受。

将设计视为活动的观点颇多，典型的如“设计是一种社会-文化活动”“设计是一种创造性活动——创造前所未有的、新颖而有益的东西”“设计是旨在改进现实的一种活动，设计过程的产物被用作这种改进的模型”[③]。此类定义倾向从人类历史发展的角度、从宏观层面把握设计的基本特征，有助于我们认识设计之于人类社会的意义与作用，且提供了我们认识设计属性的历史坐标。

2）设计是一种规划

将设计视为规划，主要突显了设计作为决策、计划当中的概念化阶段（实施之前）。此时的设计，是头脑中下一步行动的规划或图式。这种“行动之前的综合性思维”过程，采取的是多学科、跨学科方法，如艺术、工业、管理等。持该立场的典型观点有，“设计是在我们对最终结果感到自信之前，对我们想要做的东西所进行的模拟”“设计是在作品完成之前的预想与模型”“尽可能将设计看作是一个问题解决的过程，是认识设计过程的基础”“设计以过程为导向、以系统性为保证、以模型为表征、以理论为基础、以数据为依据、以细分和专门化为特点，聚焦于解决问题”，等等[③④]。

将设计作为规划，经历了从“科学化”到“人文化”的变迁。20 世纪 60 年代的“设计方法运动”将设计规划中的科学特质推崇到了极致。人们注重设计规划中的系统化、理性化、“科学化”方法，认为“设计规划是科学的”之假设为：存在可以被编码和被预测的规律性现象，以此可以确定出规定性理论。

① 马克·第亚尼. 非物质性主导//李砚祖. 外国设计艺术经典论著选读. 北京：清华大学出版社，2006：124-132.

② 朱喆. 非物质社会设计特征刍议. 江苏大学学报（社会科学版），2009，(4)：80-83.

③ 朱铭，奚传绩. 设计艺术教育大事典. 济南：山东教育出版社，2000：4.

④ Smith K M，Boling E. What do we make of design? Design as a concept in educational technology. Educational Technology，2009，49（4)：3-17.

因此，有的学者提倡，设计者需要对被设计的系统和设计过程本身所有的规律性现象进行确认和分类。理性的、分析的、些许形式化的、些许经验性的、可传授的特征，在某种意义上说，是 20 世纪 60 年代人们对“科学的设计”所持的愿景。然而，进入 20 世纪 70 年代，“科学的”设计规划遭到了许多人的抵制。人们表示憎恶机器语言、行为主义、将完整的生活固定在逻辑模型中的意图；Rittel 和 Webber 也认为，设计的规划性问题是种“邪恶”的问题，对设计者而言带有“驯服”意味，是非常不恰当的[①]。对设计规划“科学化”的质疑，恰恰突显了 20 世纪 60 年代后期逐步兴起的新人文主义的价值所在。设计规划观于是发生了从设计完美化、设计者全能化，向满意的认可及适切的策略转移。设计不仅仅是规划，Archer 提出，思维和交流中存在一种“设计”方式，它区别于科学化和学术化的方式，应用时却与之一样强劲有效[②]。

3）设计是一种认识论

Cross 认为设计是一个独特的知识领域，既不是科学，也不是艺术，设计是一门有自己独特的关注领域、方法和价值的文化，具有认识论的意义[③]。在此之前，学者们对设计是科学还是艺术众说纷纭。罗伦德和高文认为，设计可以是一门科学，也可以是科学与艺术的结合，抑或两者都不是。[④] 一些研究者认为设计不同于科学，科学家们关注问题，关注存在的规则，而设计师们关注解决方案，关注如何达到期望的结果。科学的方法用来发现已存在事物的本质，而设计方法却用来发明尚不存在的新事物。

Cross 进一步指出设计是一种文化，是人类行为的一种模式。作为一种文化类型，尽管设计与人文、科学之间存在很多相似之处，但各自具有特定的文化和信念，在研究对象、研究方法和价值观等方面存在很大的差异，如表 2-2 所示[⑤]。

表 2-2 科学、人文、设计之间的差异

文化类型	研究对象	研究方法	价值观
科学	• 自然世界 • 关注发现问题，发现和描述“客观存在”	• 控制实验 • 分类 • 模型 • 分析	• 客观性 • 理性 • 独立性 • 关注的是“真知”问题

① Rittel H，Webber M. Dilemmas in a general theory of planning. Policy Sciences，1973，(4)：155-169.

② Archer L B. Whatever became of design methodology?. Design Studies，1979，(1)：17-20.

③ Cross N. Designerly Ways of Knowing. London：Springer，2006：89.

④ 戈登·罗伦德，高文. 设计与教学设计. 外国教育资料，1997，(2)：18-23.

⑤ Cross N. Designerly Ways of Knowing. London：Springer，2006：77.

续表

文化类型	研究对象	研究方法	价值观
人文	• 研究和描述“人类经验”	• 模拟 • 隐喻 • 批判 • 评价	• 主观性 • 想象性 • 信奉 • 关注的是“正义”问题
设计	• 研究“人为的世界” • 关注问题的解决 • 创造“还未存在”的事物和价值系统	• 备选性模式 • 构建模型 • 综合	• 实践性 • 独创性 • 共情 • 关注的是“适宜”问题

归纳而言，设计意在创造尚未存在的事物，而非发现已经存在的事物。设计过程中，科学为我们提供有关结构、法则、过程等方面的知识，但此类知识是对存在之物的描述与解释。科学不能通过意图、想象与创新，提供应该创生何物的理解。但科学具有辅助作用，科学方法旨在识别个体想象的确证性。科学对应的是真实，而设计则对应现实，真实与现实之间存在差别。科学通过演绎或归纳，从特殊当中寻找一般。设计则是从特殊、一般、普通向终极特殊过渡的过程，人们借助设计判断来实现此过程。同时，设计意图与目的，在设计判断的指引下，将抽象的科学知识转化为最终的特殊设计。

将设计视为一种认识方法的代表性观点有：舍恩的“设计是一种与既定情境中的材料进行反思性对话的过程”[①]；Banathy 的“设计是一种有目的的创造性活动，是构建人与世界关系的一种积极主动的活动”[②]；Rowland 的“设计就是为创造某种具有实际效用的新事物而进行的探究”，它包括对一个定义不完善（ill-defined）的情境的探索，发现并解决一个/几个问题，详细说明产生有效变化的途径[③]。Cross 指出，设计是一个目标导向的过程，其目标是构想和实现某种新事物[④]。设计的研究对象是人造世界，其研究方法主要是建模、模式形成、综合等，其价值观主要是实用性、创造性、共感性以及关注适应性。

除此之外，我们还可以从其他角度认识已有定义，如就宏观-微观而言，有的从宏观的哲学、价值层面，有的从较微观的规则与操作层面做讨论；就针对的历史时期而言，有的定义适应工业时期语境，有的则放眼后工业时期的特

① 唐纳德·A. 舍恩. 反映的实践者——专业工作者如何在行动中思考. 夏林清，译. 北京：教育科学出版社，2007：79.

② Banathy B H. Comprehensive systems design in education—the prime imperative：building a design culture. Educational Technology. 1992，32（6）：33-35.

③ Rowland G. Archetypes of systems design.Systems Practice，1995，8（3）：277-288.

④ Cross N. Designerly Ways of Knowing. London：Springer，2006：89.

征；就主体而言，有针对广义人类群体的，有指向狭义的职业化设计者的；就其根本属性而言，有人强调设计中的创造性，有人将创造性与理性并重；就其文化品性而言，有人认为，设计可以是一门科学，也可以是科学与艺术的结合。尽管切入点不一，但综合起来，仍可归纳出设计的特征：①它是人类所特有的、最为普遍的社会文化活动；②它是一种目标导向的活动，以改善某一事物或某一活动为宗旨；③它是一种创造性的活动；④它一般具有备选的策略、方案；设计的方案和结果必须可以评估；⑤它的完善性永远是相对的。

2. 本书的操作性定义

需要明确的是，以上列举的不同定义，它们的内涵与外延并不是绝对相斥的，有的甚至会产生边界交叉。不同结论，只是源于不同的认识角度与立场。这也提示我们，在给本书做操作性定义之前，首先要明确相应的认识角度与立场。而认识角度与立场则应取决于研究所处的时空场域、社会文化特征、学科发展水平、研究目的等。本书所处场域显而易见：21 世纪的中国在经济与社会发展的过程中，面临着众多机遇与挑战。提高国民整体素质，提升民族创造力，是综合国力持续发展的动力之源。同时，目的、标准与创造，是我们应对非结构化、非线性且瞬息万变的知识经济社会的有力抓手。

基于以上综合考虑，本书认为，设计是“人类为改进现实，通过对情境材料的迭代反思，围绕人工制品的功能、标准与结构进行主动探究的活动”①。具体而言，①设计的目的在于创造应有生活，实用性、创造性、共感性以及适应性是其价值诉求。它是对“应当是什么”的具体体现，它把种种知识、信念和期望转化为人们现实生活中所追求的一系列目标，并使之成为人们生活中的具体组成部分。②设计的方式是对情境材料的反思，是对所处情境的主动回应。③设计的具体对象是人工制品的功能、标准与结构，包括详细阐述设计的期望和需求；阐明未来系统表现形式（模式）的多种想法和图景；建立对可选模式的评价标准；为可选性的模式做出开发和实施的计划方案；等等。④设计在本质上是对人为世界的有目的的创造性、决策性和规范性的探究活动，是一种积极构建人与世界关系的尝试。

2.2.2　学习的内涵

在对设计型学习做出界定之前，我们有必要探究一些与设计型学习密切相关的学习理论，讨论下当前语境中对学习的理解。

---

① 曹东云，邱婷. 设计型学习：内涵、价值及应用模式. 课程•教材•教法，2017，37（12）：31-36.

1. 拓展性学习理论

鉴于学习的复杂性与动态性，人们采用下定义的方式很难对其本质属性做出界定。近年来，人们多通过隐喻的方式达成对学习的认识。隐喻作为一种认知策略，通过用一种事物来理解另一种事物，在两个不同的概念之间建立联系或映射，可帮助人们实现对世界的概念化理解。有关学习的隐喻十分丰富，Paavola 和 Hakkarainen 将目前的学习隐喻分为三大类：学习即获得、学习即参与、学习即知识创造[①]。①获得隐喻认为学习即学习者拥有对某些实体的所有权[②]。这些实体的形式是多样的，有知识、图式、概念、事实、意义、材料等。学习者的行动主要是理解、接受、占有、内化、积累等。教师则通过传递、促进和中介等方式，帮助学生达到目标。②参与学习隐喻认为，学习者学习一个主题，就是参与特定实践共同体活动、成为共同体成员的过程[③]。学习者不再是仅仅积累个人所有物的人，而被看作是参与特定活动的人，一般以潜在革新者和实践新手的身份出现，教师则是共同体正常运转的维持者。③知识创造学习隐喻认为，学习的本质是一种基于中介的知识创造过程，“知识”此处指的是创造寓于具有中介效应的人造物、技能和实践中的“具身知识”。

Engeström 和 Sannino 提出的拓展性学习理论是知识创造学习隐喻的典型代表[④]。他在维果茨基的中介理论的基础上，提出理想的学习应是“在协同活动中学习客体不断拓展进而形成一种新的实践形式的过程”，即“拓展性学习”。拓展性学习理论是建立在从抽象到具体的辩证法上，而从抽象到具体是要通过特定认知或学习过程的，他把这个过程称为拓展周期或拓展圈（expansive cycle），并指出一个典型的拓展周期一般包括七个步骤：①质疑，即个体对现存的实践或经验进行批判或怀疑。②情境分析，即分析产生怀疑的原因，包括实践情境的变化，以便找出问题的解释机制。③构建新模型，即将公共认知中的最新解释关系做成简洁模型。④检验新模型，即通过对模型的试用来把握其动态性、潜在性与局限性。⑤实施新模型，即通过实际应用，进一步丰富、拓展以完善模

① Paavola S，Hakkarainen K. The knowledge creation metaphor：An emergent epistemological approach to learning. Science and Education，2005，14（6）：535-557.

② Sfard A. On two metaphors for learning and the dangers of choosing just one. Educational Researcher，1998，（2）：4-13.

③ 曾文婕，柳熙. 获得·参与·知识创造——论人类学习的三大隐喻. 教育研究，2013，34（7）：88-97.

④ Engeström Y，Sannino A. Studies of expansive learning：Foundations，findings and future challenges. Educational Research Review，2010，（15）：1-24.

型。⑥反思，即反馈和评价整个拓展的过程。⑦固化，即将模型的实验结果变成一个新的、稳定的实践形式[①]。

具体而言，学习过程是对组织活动的概念、对象的积极建构与创造以及实施的过程，是组织跨越最近发展区的过程，是边界跨越的过程，是进行形成性干预的过程。与传统教的教学行为相比，形成性干预的特点在于：①起点不一样，面对的是一个不确定性、矛盾的对象，干预者事先对干预的内容（或对象）是不知道的。②过程不一样，干预的内容和过程受到学习主体的协商和干预形式的限制。③结果不同，干预的目的是生成一个新的概念，这个新的概念不能直接应用到其他情境中，只能为在其他情境中新方案的设计提供一个概念性模型。④研究者的角色不同，研究者的任务是激发和维持拓展性的变革过程。

拓展性学习是将一个简单的观念拓展为一个复杂的活动目标或形成一种新的实践形式[②]。它强调个体和社会情境之间的动态关系，尤其强调改变已有实践和重构新活动。此类学习从个体质疑现有的实践活动或规则开始，随后学习主体从个体走向集体和网络，越来越多的人加入质疑活动，最终形成一种新活动的概念框架、新拓展的活动客体和以客体为导向的活动系统。

需要强调的是，首先，拓展性学习关注学习过程中新知识、新活动的创造过程。在这个意义上，学习是一种活动，但它是特殊的活动，是产生活动的活动，学习的一个核心目标就是产生新形式的活动。而这种新形式的活动中承载着新模型、新知识。其次，拓展性学习突破个体学习的范畴，认为学习的主体是集体，要拓展的领域就是集体现有的实践能力与未来实践能力之间的差距。由此，一个完整的拓展性学习环，可以被理解为跨越最近发展区的集体旅程。

拓展性学习的意义在于契合了信息社会对学习提出的要求。事实上，在信息爆炸的知识时代，个体和组织需要学习的内容是不稳定的，难以被清晰定义的，它不是仅存在于有明显边界的单一组织中，而是难以传递的东西。拓展性学习强调学习不是发生在单一个体或单一组织中的，而是分布在不同活动系统间，学习对象是学习者参与的整个活动系统，学习的结果是产生了新的活动模式，是超过个体行为的一种集体跨越过程。

① Engeström Y A. Expansive learning at work：Toward an activity theoretical reconceptualization. Journal of Education and Work，2001，14（1）：133-156.

② 曾文婕，柳熙. 获得·参与·知识创造——论人类学习的三大隐喻. 教育研究，2013，（7）：88-97.

2. 建造主义学习理论

1）主要内容

建造主义（constructionism）由麻省理工学院媒体实验室的创始人之一、LOGO 语言的发明人 Papert 提出。建造主义继承发扬了皮亚杰的建构主义（constructivism），认为学习者是一个主动的知识建构者，但它更强调外在作品的建造和学习者分享创意[①]。Papert 和 Harel 指出“建造主义”其实是一个名词而不是动词，它与建构主义的共同之处在于，都认为人是通过渐进式行为内化来构建知识；不同之处在于，他们认为学习者在有意识地参与构建公共实体的情况下学习这一行为更容易发生，不管是构建海滩上的沙堡还是宇宙理论[②]。

建造主义在教育上兼具有学习理论与学习策略的特性。它认为知识不是简单地由教师传达给学生，而是学习者主动地心智建构，学习者不仅是去获取创意，而且是去开发出自己的创意[③]。建造主义强调学习者要从事创作外在的或可与他人共享的作品。学习者在从事建构活动之时，可以随时参照其成果的进展而获得灵感与引导，并可以更具体地去操作此项事物。通过创建一项逐渐成形的作品，创作者可以依据实物的一部分回溯其过去的思考并规划出未来的活动。学习者所从事的活动并非都可算是学习的活动，最重要的是此项活动必须具有丰富的有关学习内容的本质。

建造主义更关注通过制造进行学习而不是个体的整体认知潜能。它认为在个体发展的任何阶段，知识使用的外部支持和中介都对扩展人类的大脑潜能至关重要[④]。建造主义帮助我们理解当个人在特定的情境中思考时，思想通过媒介的表达是如何形成和迁移的。该理论关注的重点从共性转移到个体学习者与自己最喜欢的表征、人工制品或要思考的对象之间的对话。Papert 认为，表达人们内心的感受和想法是学习的关键，表达想法使它们变得有形和可共享；反过来，这些有形和可共享的人工制品又可以帮助人们塑造这些想法，并帮助个人与他人进行有效的沟通。自我导向学习的循环是一个迭代过程，其中学习者为自己发明了探索他们最关心的事情的最佳支持工具。

---

① Martinez S L，Stager G S. Invent to Learn：Making，Tinkering，and Engineering in the Classroom. Torrance：Constructing modern knowledge press，2013：110.

② Papert S，Harel I. Situating constructionism. Constructionism，1991，（36）：1-11.

③ Papert S. The Children's Machine：Rethinking School in the Age of the Computer. New York：Basic Books，1993：102.

④ Ackermann E. Piaget's Constructivism，Papert's Constructionism：What's the Difference? // Constructivism：Uses and Perspectives in Education，Conference Proceedings，Geneva：Research Center in Education，2001：85-94.

建造主义认为，当个人为别人建造一些可以体验的事物时，学习特别有效。这种建造从一个口头表达的句子、一个帖子到油画、房屋或软件包等更复杂的人工制品，例如程序设计为让学生参与到问题解决和学会学习的过程就提供了一种试验环境。学习程序包含着多重目标：学习编程、学习数学、学会学习等。允许儿童通过编写命令，像在现实生活中操作实物一样移动屏幕上的小海龟（LOGO 语言）。通过操作来培养学生分析问题、解决问题的能力，并且其在培养学生创造性思维上起着非常重要的作用。这样的“构造”过程意味着学生与学习环境能够积极而又真实地对话，有助于建立起具体与抽象、经验与概念、感性与理性、实践与理论之间的桥梁，同时建构着学生与环境之关系的认知经验，学生与他人之关系的社会经验，以及学生与自身之关系的伦理经验①。

2）社会建构过程

建造主义认为在学习过程中，学习者必须有意识地通过建造外在、可分享的人造物与知识建立个人关系②。人际间的互动是知识学习的重要历程，通过对人们之间和社会之间的相互理解来进行物的建造，建造可以看作是一种社会过程，因为建造源自不断地对话和互动。它注重人与人之间的互动和交流，在社会环境中小组成员彼此共同建构知识，协作创建起一种分享作品的小文化。当一个人沉浸在这种文化中，他（她）会不断学习如何成为这种文化的一部分③。

建造主义认为，知识不是简单地由教师传达给学生，而是由学习者主动地心智建构，学习者不仅是去获取创意而且是去开发和实现自己的创意。虽然没有外在作品的创作，学习者仍然可以建构且表达知识。Papert 认为，好的教育不是如何让老师教得更好，而是如何提供充分的空间和机会让学习者去构造自己的知识体系。当孩子们在制作一些对自己有意义的作品时，如做小机器、编故事、编程序时，他们正处于学习知识的最佳状态。Papert 把计算机看作帮助学习者学会算法、解决问题并在此过程中学习和锻炼智力的强有力工具。

参与学习的人既有可能是教师也有可能是学生。这种观点认为参与者在一个真正的合作环境中既是学生也是教师。这样有助于教师保持一份谦逊，不至于固守陈旧的观点——教师是知识的智慧源泉。当人们创建或表达一些给别人看的事物时，学习特别有效。简而言之，这就是“做中学”的学习观。因为在这种情境中，学习者个人的投入程度很高，并且伴有自我检查和反省的过程。学习者通过观察同伴的活动，能学到更多的知识。

---

① 陈刚，石晋阳. 创客课程观. 中国电化教育，2016，（11）：11-17.

② 杨现民. 建设创客课程：“创课”的内涵、特征及设计框架. 远程教育杂志，2016，35（3）：3-14.

③ 崔占鹏. 基于社会建造主义的在线学习活动设计. 陕西师范大学硕士学位论文，2014.

3）与建构主义的关系

建造主义继承了皮亚杰的建构主义思想，但两者又并非完全一致。Papert 的建造主义比皮亚杰的建构主义或维果茨基的社会建构主义更务实[①]。建构主义把重点放在个体孤立的知识结构的发展中，并且将形成抽象思维视为所有知识建构的最终目标，具体思维总是与儿童相关。建造主义则关注知识在个人与社会层面相互联系的本质，并且认为具体思维也可以与抽象思维具有同样的高级程度。建造主义以一种更加分布式的视角审视教学，认为教学是在师生参与设计与讨论学习制品的互动中建构的。另外，除了学校，这种学习互动还发生在社区中心和家庭中。如何设计能够促进合作学习与思想分享的环境是目前学习科学力图解决的重要问题。

2.2.3 设计型学习的定义

设计型学习在国外的 k12 教育中得以积极应用。设计型学习在英文中有 learning by design（LBD）和 design based learning（DBL）两种表述。Kolodner 认为，LBD 是一种基于项目探究的方法，是学生在完成设计型挑战任务的情境中学习科学知识和技能的途径[②]。丁炜表示，LBD 是一种基于项目的探究法，学习者通过努力完成设计挑战来学习[③]。Doppelt 等指出在 DBL 中，教师为学生提供挑战性机会，让其去创造能够反映主题、概念和标准的物品[④]。此过程中，学生在一个互动的环境中学习基础学科，更能促进信息的回忆和再利用。他们学习建立逻辑联系、查明原因和结果、提出类比，并在最高水平上进行批判性思考。他们使用简化的专业设计技术，包括学习计划、实验、发现、解释、区别、修订和证明自己的想法。王佑镁认为，LBD 是探究性教学的一种具体实现样式，是一项以学习目标为准则、基于项目的活动，教师给学生提出挑战任务发散学生的思维，将各科知识进行整合，回忆、利用已学的知识设计能反映主题的制品，再通过新学的知识，重新加以修改和设计[⑤]。这是一个迭代的过程，设计制品并不是最终经验，学生能够获得用于各个研究领域以及日常生活中的知识和社会技能。

---

① Ackermann E. Piaget's Constructivism，Papert's Constructionism：What's the Difference? // Constructivism：Uses and Perspectives in Education，Conference Proceedings，Geneva：Research Center in Education，2001：85-94.

② Kolodner J L. Learning by design：Iterations of design challenges for better learning of science skills. Cognitive Studies，2002，（9）：338-350.

③ 丁炜. 基于案例推理的学习. 外国中小学教育，2007，12：44-47.

④ Doppelt Y，Mehalik M M，Schunn C D，et al. Engagement and achievements：A case study of design-based learning in a science context. Journal of Technology Education，2008，19（2）：22-39.

⑤ 王佑镁. 设计型学习：探究性教学新样式——兼论 Nelson 的逆向思维学习过程模型. 现代教育技术，2012，22（6）：12-15.

综合以上认识，本书认为，设计型学习是“个体及共同体为改进现实、发展自身知识与能力，围绕真实、劣构问题中人工制品的功能、标准与结构进行的迭代拓展性的反思探究活动”[①]。其本质属性表现在：①设计型学习具有双重目的，从表层看在于创造应有生活；从内核看，它还具有个体及共同体发展自身知识与能力的目的。②设计型学习的对象是真实世界中的人工制品，学习者围绕其功能、标准与结构进行反思，进而阐述期望、阐明表现形式、建立评价标准、提出备选方案等。③设计型学习是人们通过与情境材料的互动，对真实、劣构问题进行主动求解的过程，本质上也是对人为世界有目的的创造性、决策性和规范性的探究活动。④设计型学习的主体在往复循环的迭代探究中，实现对客体的拓展性认识。

理想中，广义的设计型学习应该是可得的、泛在的、连续的、明晰的。

（1）可得。可得意味着所有人有机会获得设计型学习。如今在许多国家，以设计为内容或手段的课程是通识教育的一部分。这意味着设计教育不再只是为职业所做的准备，它彰显出发展每个人智力的内在价值。它像文学、科学或数学一样，已成为个人和集体知识文化的一部分，它犹如阅读、写作和计算一般，成为基本教育内容的一部分。

（2）泛在。泛在意味着设计型学习可以无处不在。泛在的设计型学习得到了信息技术、计算机和互联网的支持。无论是专业实践还是教育，都可不再拘泥于设计工作室、教室等物理场所当中。虚拟工作室和虚拟大学可以昼夜不停地对来自世界各地的人开放。

（3）连续。连续意味着设计型学习贯穿于人的一生。人们公认教育是一个终生过程，这提示我们每个人在任何年龄都可以参与设计型学习，无论从个人选择出发，还是从为了追赶后工业技术的知识和技能考虑。

（4）明晰。有必要使设计型学习更加具有针对性。近年来，人们对设计型学习日益关注，发现其缺乏明确和便于理解的原则。教师针对发展学生基本的内在能力具有清晰的理解，对引导后工业时代的设计型学习至关重要。

简而言之，广义设计型学习的主体、客体、时间与环境都是泛在的，是“泛在学习”的一种具体形式。狭义的设计型学习限定于学校教育中的通识培养范围。本书在讨论广义设计型学习的特征基础上，重点探讨学校环境中实施设计型学习的意义与方法。

鉴于人们容易将设计型学习与探究式学习、基于问题的学习、任务驱动学习、项目驱动学习混淆，因而有必要在此厘清它们之间的区别与联系。各类学习的共性在于，强调学习者的中心地位、反对传统的授受式带来的“驯化”意图、重视

① 曹东云，邱婷. 创造力发展：设计型学习的功能预见. 电化教育研究，2018，39（3）：18-22，34.

还原学习情境的真实性。论及区别，可以凭借核心词词性将以上概念分为两类，基于问题的学习、任务驱动学习、项目驱动学习中所强调的是学习所借助的载体：问题、任务、项目，以名词形式出现，其中问题的涵盖范围最广，任务其次，项目最窄，三者依次包含。而设计型学习与探究式学习强调的是实现学习的行为及其过程，以动词形式出现。两类概念的划分依据有所不同，彼此可能存在交叉共存。

设计与探究是相互区别的一组概念。广义探究包括科学探究和设计探究等，而人们在谈及探究式学习时，多将探究理解为狭义的探究，即科学探究。设计探究更多的诉求是工程思维或技术思维，目的指向创造前所未有的新物品；而科学探究反映的是科学思维，最终指向探寻原理与规律。各概念间的关系如图2-2。

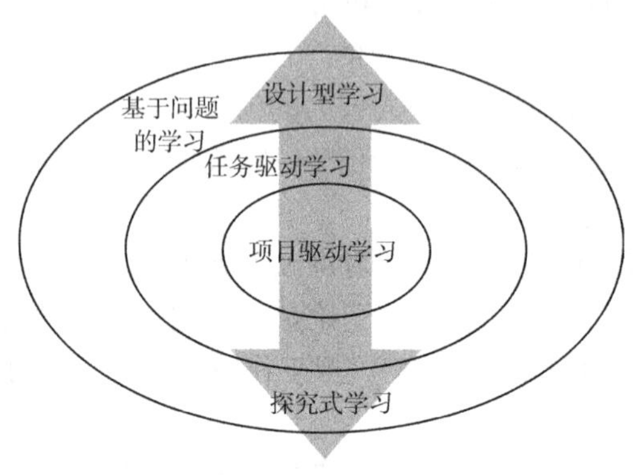

图2-2　相关学习方式的关系

2.3　设计型学习中的认知要素

讨论设计型学习，无论如何都无法回避对设计认知的理解（虽然设计型学习也关涉许多非认知要素，如情感、动机等，但本书的目的限于其对高级认知能力——创造力发展的影响，所以对非认知要素暂不做讨论）。尽管设计认知并不等同于设计型学习，但前者是后者的重要构成部分。在此，我们可以将设计看作一种在特殊问题求解过程中实现认知的活动，例如，涉及“寻找”适当的问题并“解决”它们，包括不断地构架与表征问题，而不仅仅将问题作为既定条件接受。鉴于设计型学习中的设计具有一般设计活动的普遍特征，设计研究领域对一般设计活动中的认知要素已有较成熟的探索，因而，我们可以借此认识设计型学习中的认知要素。Cross 讨论了设计认知中的几个核心问题：①设计者如何构架与表征问题；②设计者如何生成解决方案，设计活动的终极目标：生成一个令人满意的设计方案；③设计者采用的加工策略。以下我们将借助 Cross 的视角来讨论、认识设计型学习中的认知要素[①]。

2.3.1　问题形成

人们普遍认为，设计“问题”是一类定义不良的问题。在设计项目时，人们通常不清楚问题究竟是什么。它可能仅仅来自用户不严谨的定义，许多约束条件和标准尚不清晰。每个参与项目的人都知道，目标可能在项目进程中被重新界定。在设计中，“问题”经常在联系到“解决方案”时才被清晰定义，设计者一般不会尝试在开始时严格地定义他们的问题。

需要注意的是，“定义不良”不是问题的根本属性，它因人而异，其程度随着专业技能的提升不断加深。因为，经验告诉设计者，应将真实情境看作是比初始陈述更为劣构的问题。从某种意义上说，他们已经发现了科学和技术逻辑——相同或新的情境带来相同的反馈——是不充分的。相反，他们认为应该将整体因素（而非最简单、最直接的情境）视为特殊情况并探求新的反馈。这要求一种全新的识知方式，这是因为对已有情境的逻辑推理和精确解释未必适用于那些尚未产生的情境。因此，观察的结论，不能超越自己的背景，不能作为认识论链接，而是成为一个通往其他或未来的参考模型。

为了克服一些解决定义不良问题的固有的困难，某些设计研究尝试用“定义良好”的方式去构架设计问题。然而，设计者的认知策略多基于解决定义不良问题的正常需要。托马斯（Thomas）发现[②]，即便是定义良好的问题，设计者也会通过改变目标和约束条件，把给定的问题当作定义不良的问题处理。

1. 目标分析

罗伦德和高文曾将设计看作一种问题求解活动，但并非所有的问题求解活动都是设计[③]。设计所面对的问题是真实的、劣构的、定义不良的问题。一般说来，这种问题的初始条件、解决过程、解决方案和评价标准等都不甚明了，需要设计者去定义、探索、发现和建构，它存在许多种解决方案，没有最好，只有更好，要视情境需要而定。设计者需要去应对尚不明了的问题及解决方案。设计包括设置与解决问题的过程，即便设计已经结束，仍有大量的解决方案处于不确定状态。

---

① Cross N. Designerly Ways of Knowing. London：Springer，2006：135-167.

② Thomas J C，Carroll J M. The psychological study of design. Design Studies，1979，(1)：5-11.

③ 戈登·罗伦德，高文. 设计与教学设计. 外国教育资料，1997，(2)：18-23.

因此，在设计的起始阶段，人们无法收集大量的相关材料，所以很难对设计问题进行彻底的分析。这时要求设计者判断什么是最相关的信息，并迅速行动加以解决。

然而，Nelson 和 Stolterman 进一步提出，设计的内涵要比问题解决丰富得多①。因为问题解决旨在避免出现非理想的状态，隐含着消极、被动应对的态度，而设计则重在追求理想和适宜的现实，体现出积极、主动的应对态度。事实上，工业时代的设计方法论与问题求解的模型本质上是一致的，尤其是设计的管理体系。在后工业时代，设计已经与制造业的过程大相径庭，随着时间的推移，这种理解需要做出改变。

早期的研究已经发现设计行为的“不良”性，设计者在完全构架出问题之前，思想已经跳跃至解决方案（或部分解决方案）之上了。这也反映出设计者受解决方案引领，而非问题引领。对设计者而言，问题分析没有对解决方案的评价来得重要。在设计中，不仅是问题分析处于边缘地带，即使问题的目标和约束条件是已知的或被良好定义的，它们也不是固定的。随着对问题理解的加深、对解决方案的不断定义，设计者依旧拥有改变目标和约束条件的自由。设计行为的独特性表现在不断生成新的任务目标和重新定义任务约束。在设计问题中，只有部分约束条件是“给定”的，其他的可以靠设计者从其他知识领域中“引介”，或是在探索特定解决方案时“推导”而出的。

从定义不良的设计问题中构架恰当且相关的问题再进行解构，并非易事——它需要收集和组织信息、判断生成解决方案时机等复杂技能。Christiaans 和 Dorst 对工业设计专业的低年级和高年级学生进行协议分析，发现一些学生被信息收集所困，难以进入生成解决方案环节②。有趣的是，他们发现，低年级学生没有收集大量的信息，倾向于“解决一个简单的问题”，尚未意识到很多潜在的标准和困难，设计对他们而言反而显得并不困难。他们发现，高年级学生可以分为两种类型。更成功的那类学生，解决方案更具创造性品质，要求更少的信息，能瞬间处理信息，有意识地建立问题图像。他们在进程中能够很早地寻找和制造重点。另一类学生收集了大量的信息，但是对于他们而言，收集数据有时只是实际开展设计工作的替代活动。

---

① Nelson H G，Stolterman E. The Design Way：Intentional Change in an Unpredictable World. Cambridge，Massachusetts：The MIT Press. 2012：12-13.

② Christiaans H H C M，Dorst K H. Cognitive Models In Industrial Design Engineering：A Protocol Study// Taylor D L. Design Theory And Methodology. New York：American Society of Mechanical Engineers，1992：131-140.

2. 方案聚焦

许多研究表明，设计者能够很迅速地进行早期解决方案推测，并将这些猜测作为开发和定义“问题和解决方案并进”的手段。当然，这并不是所有问题解决者惯于使用的策略，他们中的许多人倾向在问题解决之前，试图完全定义或理解问题。科学家与建筑师的问题解决行为就存在着这种差异：设计者着重于解决方案，科学家却针对定义问题。

Lloyd 和 Scott 对经验丰富的工程设计者的协议研究发现，着重于解决方案的方法似乎与设计者早期经验的类型与程度相关①。他们发现，经验丰富的设计者更多地使用“溯因”推理，形成鲜明对比的是，经验较少的设计者更多地使用演绎推理。他们得出结论，不同类型的问题、经验使得设计者采用不同的推测方法来设计，在考虑解决方案的同时构架或感知设计问题。

3. 问题和解决方案的共同进化

设计者倾向利用推测解决方案作为理解问题的手段。因为人们无法将“问题”独立于“解决方案”加以理解，因此将推测解决方案作为开发与理解问题的构架就十分自然。Kolodner 认为，提出的解决方案常常直接提醒设计者要考虑的问题。问题和解决方案往往进行共同进化②。

4. 问题的构架

设计者不仅限于给定的问题，而且还在设计的广泛背景中发现和构架问题。舍恩将这种反思性实践界定为问题设置，“问题设置是这样一个过程，我们给我们参与其中的事物命名，我们构架我们将投入其中的情境，二者交替进行”③。这似乎描述出设计行为中问题构架的特点。设计者选择他们即将参加（命名）的问题空间的特征，识别他们即将去探索（构架）的解决方案空间所在的领域。舍恩认为，为了构架一个设计问题，设计者必须形成一个针对问题的设计情境：设置它的边界、选择特定的需要关注的事物和关系、给予能够指导后续行动的力量。

---

① Lloyd P，Scott P. Discovering the design problem. Design Studies，1994，15（2）：125-140.

② Kolodner J L. Facilitating the learning of design practices：Lessons learned from an inquiry into science education. Journal of Industrial Teacher Education，2002，39（3）：9-40.

③ 唐纳德 • A. 舍恩. 反映的实践者——专业工作者如何在行动中思考. 夏林清，译. 北京：教育科学出版社，2007：79.

一些对建筑设计者的研究也反映出对问题构架的认识。Lloyd 认为，设计者在不同阶段做出的总结都反映出他当前是如何理解问题的，或者更为具体地，他是如何理解问题发生情境的结构的。Lloyd 将看待设计情境的方式视为设计者的“问题范式”。他发现，与经验欠缺的建筑设计者相比，经验丰富的建筑设计者采用的方法明显不同：经验丰富者的方法具有典型的问题范式或“指导主题”。出色设计者的设计行为中，问题构架显得十分重要，或者说，利用一个强大的指导主题或原则意义突出；优秀的设计者惯于使用强大的指导主题作为“设定问题边界和解决方案目标的催生者”。

问题构架不仅发生在设计任务的启动阶段，整个任务过程中还会发生周期性重构。Valkenburg 和 Dorst 试图应用舍恩的反思性实践理论指导团队设计活动[①]。比较了成功和失败的设计团队之后，Valkenburg 和 Dorst 强调了团队问题构架的重要性。他们发现成功的团队在项目过程中依次利用了五个不同的问题构架，而不成功的团队仅使用了一个问题构架。不成功的团队也花了更多的时间在“命名”活动上——识别潜在的问题特性，而不是开发解决方案的概念。

2.3.2　方案生成

设计着重于解决方案的性质，是对定义不良问题的恰当回应。定义不良的问题很难转化为定义良好的问题，所以设计者愿意采取更现实的策略，以便找到满意的解决方案，而不是期待生成一个最佳的解决定义、明确问题的方案。然而，着重于解决方案的行为似乎也有潜在的缺点。现有解决方案带来的“固着”效应就是可能的缺点之一。

1. 固着

Jansson和 Smith 研究了高年级学生和有经验的专业机械工程师应对设计问题的解决方案后，提出了“固着”效应[②]。他们给控制组一份简单的设计纲要，而实验组除了得到设计纲要外，还附有一个已有的解决方案汇集。他们发现，后者可能被已有的案例集所固定，他们的设计比控制组体现出更多的案例中的特征。他们认为，如果“固着”阻止设计者考虑有关该问题的所有知识和经验，那它很可能阻碍概念设计。有的设计者可能太依赖再次利用现有设计，而不是探索问题、生成新的设计特性。

① Valkenburg R，Dorst K. The reflective practice of design teams. Design Studies，1998，19（3）：249-272.

② Jansson D G，Smith S M. Design fixation. Design Studies，1991，12（1）：3-11.

Gero和 Neil 比较了工程设计者和工业设计者的表现，发现前者更容易受到已有案例的影响[①]。他们认为这可能源于二者所接受的教育的差别。后者被鼓励去生成更多的解决方案。在进一步的研究中，案例作为创造的提示，而非之前的常规解决方案出现，研究者发现工程设计者体现与之前类似的特征：在他们自己的解决方案中结合案例中的创新特征，他们的创新设计体现了案例中同样的原则。然而，工业设计者以相似的方式做出了回应，生成大量不受案例影响的设计。研究者因此断定工业设计者似乎“固着”于“生成不同”，“固着”在设计中可能存在许多形式。

目前人们还无法判断“固着”对于设计是福还是祸。杰出的专家型设计者在他们的问题构架、指导主题或原则上都体现出某种形式的“固着”。为一个特定的问题建立“模型”，这些设计者可以执着于追求适应模型的概念。这种执着的“固着”似乎经常发生在具有高超创造力的个体身上。

2. 概念依附

人们发现设计中还存在另一种形式的“固着”——概念依附：设计者依附他们早期的解决方案和概念。虽然设计者改变了他们设计的目标和约束条件，但他们似乎想尽可能延伸自己的主要解决方案，即使具体的发展计划给该解决方案带来了意想不到的困难和缺陷。如果不重新开始设计主要的新概念，一些目标和约束的变化可能就面临重重困难。例如，Rowe 进行了专业建筑设计的案例研究，发现“初期的设计理念对之后的问题解决产生非常显著的影响……即使遇到严重问题，人们还尽力使最初的想法生效，而不是重新回到起点”[②]。

这种行为是对最初概念的“固着”，是对简单的“满意”设计策略的依赖，而不是追求更多的“积极性”过程的最优化。人们发现很难解释这种无原则的设计行为。然而，坚持最初的概念和满意的策略似乎是正常的设计行为。经验丰富的设计者倾向采用早期的核心方案，没有拓展任何替代解决方案的深度。如果设计者有必要为一个次要问题检索备选方案，他们能够很快根据权衡利弊的标准确定其中一个，拒绝其他可能的备选方案。然而，相比有关“固着”的研究结果，Smith 和 Tjandra 发现设计方案的质量确实依赖于重新考虑早期概念的意愿，成功的设计者似乎是那些有能力和愿意克服对早期概念“固着”的人[③]。

---

① Gero J S，Neil T M. An approach to the analysis of design protocols. Design Studies，1998，19，(1)：21-61.

② Rowe P G. Design Thinking. Cambridge，MA：MIT Press，1987：121-125.

③ Smith R P，Tjandra P. Experimental observation of iteration in engineering design. Research in Engineering Design，1998，10（2）：107-117.

3. 备选方案的生成

越优秀的设计者似乎越能生成优秀的早期概念，因此不需要做进一步彻底修订。或者，优秀的设计者在遇到困难时能够自如地修改他们的概念，而没必要诉诸探索替代概念。看来，设计者不愿抛弃早期概念，也不愿意生成替代选择的范围。这似乎与设计理论家建议的更为“原则化”的方式相冲突，似乎与探索解决方案的概念有助于设计者对问题的理解意思相左。事实上，更丰富的解决方案概念可以促进对问题更综合的评价与理解。

Fricke 对工程设计者进行了协议研究，过少或过多的备选方案都可能导致低质量的设计[①]。在不合理限制的空间（生成一个或很少的替代概念），设计者被迫过早地“固着”在具体的解决方案上。在过分拓展的空间（生成大量可选择的解决方案概念），设计者被迫花费时间在组织和管理变量上，而不是仔细评估和修改备选方案。Fricke 认为，成功的设计者能够平衡搜索这些解决方案。

Fricke 还发现问题的精确程度影响设计者生成替代解决方案的概念。当问题被清晰陈述时，设计者能够提出更多的解决方案；当同样的设计任务以不精确的形式出现，设计者往往生成更少的替代解决方案概念。这也许表明，更不精确的任务需要更活跃的问题构架，更容易产生稳定的解决方案概念。精确的任务限定了问题构架的范围，设计者为找到更心仪的概念，于是生成了范围更广的解决方案的概念。

4. 创造力

设计者经常强调直觉在生成解决方案时的作用，创造力被广泛认为是设计思维中一个至关重要的元素。“创造性的飞跃”经常是创造性设计的标志事件。有关设计中创造性活动的研究已经开始进一步揭开这个神秘过程的面纱。

Akin 和 Lin 试图寻找创造性解决问题中的“突然的精神洞察”[②]。他们将固着效应描述为参照模型（FR），必须将其打破才能生成富有创意的替代品。他们认为个体意识到自己拥有一个固定的 FR，同时感知到了新的 FR 时，“突然的精神洞察”才会发生。新的 FR 还必须包括生成一个解决问题办法的程序。有经验的建筑师一般拥有这样的过程性知识，而新手没有，因此难以生成超越传统的解决方案。Akin 和 Lin 总结出，“打破原有 FR、意识到有创意的解决方

① Fricke G. Successful individual approaches in engineering design. Research in Engineering Design，1996，(8)：151-165.

② Akin Ö，Lin C. Design Protocol Data and Novel Design Decisions // Cross N，Christiaans H，Dorst K. Analysing Design Activity. Chichester：John Wiley and Sons Ltd，1996：211-236.

案，取决于同时指定一组新的 FR，这能够重组问题构架，增强创造性过程。新 FR 必须至少指定一个适当的表征介质（允许超越原有FR的探索）、一个设计目标和一组与目标一致的程序”①。

这与舍恩的模型概念很相似，它允许、鼓励设计者探索新的设计行动，并反思这些举措引起的发现。但很明显，当“模型”形成不恰当“固着”时就构成了负面的概念结构，当然，也可以充当积极的、创造性的结构。

2.3.3　策略应用

人们关于设计方法的研究一直尝试提出设计过程的系统模型，认为对方法的建议或结构化方法可以引导设计者有效地达成良好的解决方案。然而，大多数的设计实践看起来仍然按照一个相当特别的、无组织的方式运作。

1. 结构化流程

目前尚不清楚对系统设计过程的学习是否有助于学生的成长。有研究表明系统化的方法可能有助于学生发展。Fricke 研究了大量的机械工程师，他们在设计教育中不同程度地接触了系统设计流程。他发现那些遵从“灵活方法流程”的设计者倾向于生成更佳的解决方案。这些设计者合理地、有效地开展工作，遵循恰当的逻辑过程，无论他们是否已经接受了系统化方法的教育。相比之下，过于坚持系统化的程序（不合理地遵从有条不紊的行为），或过于突出的非系统行为，都容易导致平庸或低劣的设计解决方案。看来，无论是否接受系统的设计教育，设计者都需要掌握复杂的策略技巧。

2. 机会主义

与关注系统化设计行为的研究相反，一些研究强调了“机会主义”设计行为。这些研究强调设计者对结构化的计划或系统过程的偏离，体现为功利地追求问题的解决方案。Visser 进行了一项对经验丰富的机械工程师的纵向研究，尽管工程师声称自己遵循了结构化的方法，但 Visser 发现他频繁地偏离原有计划，“工程师设定了一个分层结构的计划，但实际上他却以投机的方法利用该计划。当设计者从认知成本的角度发现某计划是有利可图时才会使用它。如果更经济的认知行

① Akin Ö，Lin C. Design Protocol Data and Novel Design Decisions // Cross N，Christiaans H，Dorst K. Analysing Design Activity. Chichester：John Wiley and Sons Ltd，1996：211-236.

为出现时，他则会放弃它。”[①]因此 Visser 认为减少认知成本——即维护有原则的、结构化的方法的认知负荷——是放弃计划行动、不做深究的主要理由。

Ball 和 Ormerod 批评了对设计活动中“机会主义”的过分热衷[②]。他们研究了专家型电子工程师，发现很少存在对自上而下、广度优先设计策略的偏离。但他们发现，当设计者为评估方案的可行性做出快速的深度优先的解决方案决策时，确实会发生一些偏差。Ball 和 Ormerod 没有把这种偶尔的深度优先探索看作是对结构化方法的放弃。相反，他们认为专家型设计者通常会使用广度优先和深度优先的混合方法，“很多被描述为机会主义的行为，其实在一个结构化的自上而下的设计模型内，自如地在广度优先和深度优先模式之间交替”[②]。Ball 和 Ormerod 认为“机会主义”似乎意味着无原则的设计行为，非系统的、递阶的过程与假设的理想系统化和层次化过程相对照。然而，我们认为，机会主义设计未必为非原则的行为，它可能是设计中不可避免的行为。这些偏差不是无由头的糟糕的设计习惯或性能故障，相反，是设计早期阶段非结构化问题带来的自然结果。所以我们不应将行为设计中的“机会主义”与“非原则”等同，而应该把“机会主义”看作是专家设计的行为特征。

3. 模式转变

概念设计中的创造阶段，设计者迅速关注任务的不同方面，或在不同的模式活动间交替变化，这种认识策略引起了研究者的注意。Akin 和 Lin 首先确认了“新颖的设计决策”[③]。与常规的设计决策不同，这些决策是开发设计理念的关键。Akin 和 Lin 将设计者的活动分为三种模式：构画、研究和思考。然后，允许隐性重叠或遗留，设计者的注意力从一种模式转向另一种模式。它们表征了设计者的活动，可能处于单一、双重或三重模式时期。他们发现三重模式与“新颖的设计决策”的发生呈显著相关，8 次三个活动模式的快速交替，其中 6 次发生了“新颖的设计决策”。另一些对学生设计者的研究也发现，注意力或活动模式的频繁变化对创造力或设计概念整体质量的重要影响。

---

① Visser W. More or less following a plan during design：Opportunistic deviations in specification. International Journal of Man-Machine Studies，1990，33（3）：247-278.

② Ball L J，Ormerod T C. Structured and opportunistic processing in design：A critical discussion. international Journal of Human-Computer Studies.1995，（43）：131-151.

③ Akin Ö，Lin C. Design protocol data and novel design decisions.Design Studies，1995，16（2）：211-236.

4. 新手和专家

新手行为常常表现为选择深度优先的问题解决方法，即按顺序确定和探索解决方案的深度，而专家通常采纳自上而下的、广度优先的方法。但这种看法可能过于简单。Ball 等认为，如果现实中专家设计者纯粹采用广度优先或深度优先的方法，这将是难以置信的。事实上，设计专家更倾向采纳灵活的混合模式。Ball 等人建议，深度优先的方法可尽量减少认知负荷，广度优先的方法可尽量减少承诺、优化设计的时间和努力。

许多对专业技能的经典研究都基于游戏的案例（如国际象棋），或在解决常规问题（如物理学）上比较专家和新手的行为。这些都是定义良好的问题，而设计是典型的定义不良问题。Göker 用脑电图仪测量（EEG）记录了新手和专家的表现，发现专家更多地使用大脑的视觉空间区域；新手更多地使用与语言、抽象推理相关的大脑区域。言下之意是，专家不是以抽象的方式推理出设计概念，而更依赖于他们的经验和视觉信息[①]。

2.4　设计型学习的意义

广义的设计型学习是泛在的：任何人在任何时间、任何地点在任何的介质的帮助下都可以进行设计型学习。狭义的设计型学习特指发生在学校范围、通识教育中的设计型学习。本书重点讨论通识教育、基础教育中的设计型学习的特征。在通识教育中推广设计型学习十分必要。通识教育与专业教育的区别在于，专业教育的目的具有工具性和外在性，而通识教育的目的具有内在性，其目的不在于为人们实现某一特定的社会角色做准备。从某种意义上说，通识教育是无目的或是泛目的的。传统观点认为，设计教育的对象是未来扮演专业、技术角色的学生。然而，我们认为有必要将设计作为通识教育的一部分，以设计型学习的方式出现，类似于科学与人文，成为每个人应当接受的教育。

Peters 提出了教育的标准：①传递有价值的知识；②学习过程能够强调学生对自我的认识、对学习对象和学习意义的认识；③学习者不仅知道“如何做”，还应知道“是什么”“为什么”[②]。以此标准，Cross 认为“计划、发明、制造与行动的艺术”是有价值的知识[③]。而设计不应只是专业教育中为追逐外部目的（求

① Göker M H. The effects of experience during design problem solving. Design Studies，1997，18（4）：405-426.

② Peters R S. Education as Initiation. London：Routledge And Kegan Paul，1965：187-196.

③ Cross N. Designerly Ways of Knowing. London：Springer，2006：135-167.

职等）所接受的培训内容，不应只停留在工业中制造和制作技术的培训层面，应当注重开发设计的内部的教育价值。通识教育中的设计型学习，不仅仅为了帮助学习者掌握设计内容与技巧，更重要的是，帮助学习者端正和改进认识客观世界、与情境主动交互的态度与方法。

从本质上讲，以设计方式识知是在物质文化中控制非语言代码。这些代码在抽象的要求与具体对象间被翻译成信息。它们有助于设计者建构、聚焦解决方案的思维；而其他代码（语言的、数字的）则有助于分析、聚焦问题的思维。科学家与设计者在问题解决过程中的区别体现在，科学家关注发现规则，而设计者在意实现所需的结果。科学家惯于采用聚焦问题的策略，而设计者则更加聚焦解决方案。尽管利用设计者的方法，很可能在没能掌握所有可能方案的前提下找到最好的方案，但事实上，大多设计者发现了管理不同组合模块的途径。换句话说，他们很大程度上经过尝试解决方案来了解问题的性质；而科学家们则专门研究这个问题。科学家通过分析来解决问题，而设计师通过综合来解决问题。科学方法是一个问题解决的行为模式，旨在找出存在的本质；而设计方法旨在发明还不存在的事物的价值。科学是分析的，设计是建构性的。设计的研究对象是人造世界，其价值观主要是实用性、创造性、共感性以及关注适应性；因此有必要把设计教育作为一种与科学教育和人文教育平等的“第三种文化”来考量。

设计型学习的意义在于，首先，设计培养学生解决特定问题的能力。这种定义不良的、劣构的问题与科学和人文领域的良构问题截然不同。设计问题更为真实，这些问题和方案就像人们在日常生活中面临的问题一般。设计带来的真实、结构不良的问题更逼近现实世界的境况，把学习者从传统的做作业、判对错的学习体验中纠正过来，把学习变为寻找适合当前特定情况的解决方法的过程。大多数设计项目不涉及对错问题，它可以为人们提供机会研究自己关注的问题，去验证自己所持有的某个想法。设计体验还能使设计者全身心地参与其中，提高学习者对学习任务的承诺，参与对自己有意义的工作可以使一个人的学习体验更加丰富而深入。

其次，设计中体现出典型的建设性、创造性思维，与演绎、归纳思维完全不同。在传统的教育术语中，创造性思维似乎在个体认知发展方面没有得到应有的重视，这种忽视可能根源于科学与人文文化。然而，一些认知发展的阶段理论为我们认识认知发展提供了路径。皮亚杰认为，具体的、建构的、综合类型的推理往往出现在儿童早期的发展阶段中，经由这个阶段才可能达到较高水平的抽象、分析推理（即科学研究中常见的推理）。布鲁纳认为，认知发展是一个连续的不同认知模式相互作用的过程，它们都可以发展到高级水平。然而，我们认为，不同性质的认知（例如，皮亚杰理论中的“抽象”和“正式”类型，布鲁纳理论中的“标志”和“符号”）不仅是不同发展阶段的特征，还是人类固有的不同种类的认知能力，所有这些都可以从低水平到高水平得以开发。具体/标志的认知模式尤其适用于设计，而正式/符号模式与科学更相关。如果采用“连续”而不是“阶段”的认知发展理论，设计型学习则有机会向各年龄层的人提供开发具体/标志的认知模式的机会。

再次，已有的教育体系忽视了对人类认知能力全方位的开发。因为大多数认知发展理论家自已彻底沉浸在盛行的科学文化当中，该文化推崇计算和读写能力，他们忽略了第三种文化——设计。设计文化更少地依赖语言、计算和读写模式的思考和沟通，更注重非语言模式。设计者更倾向使用模型和编码，依赖图形图像——图纸、图表和草图，以辅助内部思考、沟通思想和指示其他人。

最后，在设计中还有一个重要的心理意象“意念之言”。与设计相关的非语言领域的思想和沟通，包括非常广泛的元素，从图形图像到对象语言、动作语言和认知地图。多数这样的认知模式需要调动右脑，而不是左脑。因此，忽略设计型学习，不仅错过了三分之一的经验，更浪费了一半的能力。

本章讨论了创造力的内涵、层次和发展条件，并厘清了设计及设计型学习的内涵，探讨了设计型学习的知识观、认知要素以及在通识教育中进行设计型学习的意义。那么，设计型学习能否成为促进创造力发展的条件呢？仅凭对内涵的界定，我们还无法深刻地回答这个问题。我们还有必要从内部发生机制的角度，探讨设计型学习中创造产生的原理，方能达成对二者关系的理解，这也是第 3 章的任务之所在。

第 3 章　设计型学习与创造力发展的关系探究

探讨设计型学习中的创造发生机制是认识设计型学习与创造力发展关系的前提，在探寻二者关系之后，我们认为还有必要分析设计型学习中能够促进创造力发展的典型工具。因此，本章将围绕设计型学习中创造的发生机制、设计型学习与创造力发展的关系、设计型学习中促进创造力发展的典型工具三部分内容展开论述。

3.1　设计型学习中创造的发生机制

Gero 认为设计可分为常规和非常规设计，非常规设计分为创新设计与创造设计①（图 3-1）。①常规设计指所有变量都为已知的设计活动，即目标陈述清晰、限制条件明了，设计活动只是为了求解这些变量最后的值。它面对的是一种定义良好的问题，设计过程被一系列优先的决策、限制所规定，结果是可预期的。②创新设计可理解为一种在设计情境中未严格限制结果范畴的设计活动，因此有可能出现未知的结果。这将对设计过程及产品产生影响。就设计过程而言，一旦结果范畴未被限定，再辅之以额外补充的知识，将促发大量不可预期的非计划性行为。就产品而言，尽管与常规设计仍归属同一类别，但毕竟做出了“有中生新”的突破。③创造设计，即面对一个或更多的新变量时所进行的设计活动。此类设计并不保证设计的结果一定具有创

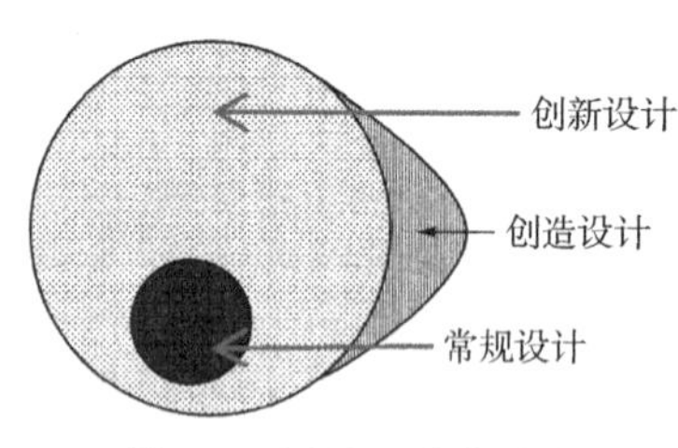

图 3-1　设计创造的分类

① Gero J S. Computational models of innovative and creative design processes. Technological Forecasting and Social Change，2000，（64）：183-196.

造性，也不保证设计过程有促发创造性结果的潜能。然而，新变量的介入，使得创造设计拥有了更多的创作新颖产品的能力，拓展及转移了潜在设计产品的范围，这使得它在本质上发生了范式的转移。创造设计又可分为三类：历史性创造、个人化创造及情境性创造。以下我们将重点讨论设计过程中的变量及设计创造的发生机制。

Gero 和 Kannengiesser 提出的情境化 FBS（fuction behavior structure）模型，有助于我们更好地理解设计创造是如何发生的[①]。FBS 模型表征了不同类型设计的基本特征，其基本假设为设计过程存在着三类变量：功能（fuction）变量、行为（behavior）变量和结构（structure）变量，它们通过各种转换过程连接在一起。①功能。人工制品的功能（F）是其目的论表现（为了什么）。例如，人们一般把闹钟的行为功能归纳为叫醒某人。②行为。人工制品的行为（B）是源于它结构的属性（做了什么）。如一个人工制品的物理重量就源于产品结构的材料和几何属性。事实上，在许多场合，行为更多地以标准的形式出现。③结构。人工制品的结构（S）是它的元素及元素之间的关系（包括什么）。人工制品的物理结构，包括几何、拓扑结构和材料。

Gero 和 Kannengiesser 认为，人们通过经验、通过与人工制品的互动，开发出相应的因果模型，构建了功能、行为与结构的关系，通过建立人类目标与人工制品的可测量影响间的联系，将功能归因于行为。行为与结构具有因果联系，也就是说，人们可以利用物理定律或经验知识从结构当中推导行为。功能与结构间不存在直接联系。

一般来说，研究者多通过以下三种方式对设计原理进行概念化：①记录设计历史；②总结人工制品所体现出的属性；③描述可能的设计备选方案空间。Gero 和 Kannengiesser结合前两种方式，将设计原理看作是一个关于人工制品属性的或关于设计过程的具体决策的历史，提出了“基于实例的设计原理”。Gero和 Kannengiesser 指出，设计决策的选择中存在大量的依存关系。目前，人们只是了解或期待其中的部分依存关系。大量的设计历程仍建立在那些不甚完整或准确的假设之上。然而，设计者假定的依存关系推进了一个又一个决策，因此人们在可能的设计决策网络中开辟出一条认识路径（图 3-2）。Gero 和 Kannengiesser 的“基于实例的设计原理”包括三个要素：①起点，即先前的设

① Gero J S，Kannengiesser U. The situated function-behaviour-structure framework. Design Studies，2004，25（4）：373-391.

计决策。②终点，即被选定为结果决策的特定决策。③路径，即连接起点和终点的一系列中间决策。基本路径包括一条连接基础与特定决策的中间路径。复杂路径包括达到终点所需的额外知识、多样的中间决策。这包括与寻求知识相关的决策、对当下设计产生影响的其他的设计决策等。

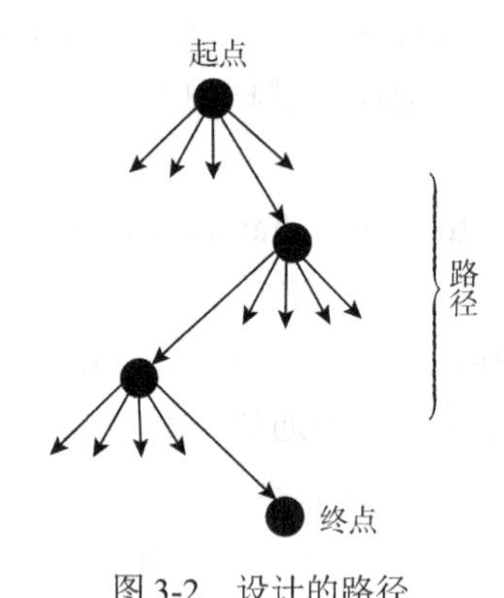

图 3-2　设计的路径

表 3-1 展示了一个设计决策实例，呈现了某个钻孔工具控制系统的概念设计过程。此处，起点是使用自动化控制技术的决策，之后经过复杂路径，包括控制工具破损、工具直径为 0.8mm 等中间决策，最终达到使用激光传感器（而非其他类型）的终点。

表 3-1　钻孔工具控制系统的概念设计过程实例

原理元素	决策问题	决策选择
起点	哪种程度的自动化	*全自动*、半自动、手动
路径	控制什么数据	工具磨损、*工具破损*
	工具直径是多少	＞10mm，＞5mm，*＞0.8mm*
终点	是哪类传感器	力、声、*激光*、拉力

注：斜体部分是选中的决策。

每个设计决策可能要面对人工制品的功能、行为及结构。然而，三者的共同之处在于，它们都由结构化的决策变量构成，它们可被视为抽象的、初级的人工制品。Gero 和 Kannengiesser 借用 FBS 模型中结构的概念，将设计决策看作是一种人工制品，用设计原理中的结构状态空间指代设计决策空间。

多数设计原理在论及设计决策时都会提及“标准”这个概念，将它作为评价、比较和选择备选方案的基础。不同的备选方案在不同程度上满足这些标准。人们以不同水准的正式的方式（定性的或定量的）来定义标准。在所有的实例中，标准表征着设计决策的表现方式，对应着 FBS 模型中的行为。Gero 和 Kannengiesser 用设计原理中的行为状态空间来指代与设计决策相关的系列标准。

有些设计原理还包括在特定设计决策中的策略和目标。它们有助于对设计的过程和计划进行推理，为建立与特定目标相匹配的标准提供了可能。设计决策的总体目标在于为推进设计状态创造知识。被创建的知识往往用于支持其他的设计决策。一般来说，一个设计决策的目标包括为提炼或释放先前决策和支持或指导后续决策创造知识。FBS 中的功能概念可用来制定与设计决策相关的目标，并建立设计原理中的功能状态空间。结构状态空间、行为状态空间、功能状态空间三者结合，构成了原理状态空间。此外，Gero 和 Kannengiesser 还试图建立基于实例的观点与 FBS状态空间之间的联系。

（1）起点被功能状态空间所覆盖。这是因为功能将一决策与其他决策（包括那些先前决策）联系起来。起点决策中的事件的概念为功能变量所覆盖。起点决策中的解决策略概念也处于功能的阈值之内。

（2）终点被结构状态空间所覆盖。因为终点即为一个具体的、定向的决策，它是结构状态空间中的一个点。终点中的事件概念被结构变量所覆盖，终点中的备选方案也处于结构的范围当中。

（3）简单的路径被行为状态空间所覆盖。因为行为通过评价指向功能的结构，建立了功能与结构之间的联系。行为变量（包括它们的阈值）可被视为路径变量（及其阈值）。复杂路径的变量则不在此范围之中。

创造性设计中至少有一个空间是被重构的：功能空间的变量或阈值重构、结构空间的变量或阈值重构、行为空间的变量或阈值重构。因此，创造性设计有 7 种创造性、非创造性元素的组合。如表 3-2 所示，任何一个组合都代表了一个类型的创造性设计。

表 3-2　设计创造的种类

类型	功能	行为	结构
1	非创造型	创造型	非创造型
2	创造型	非创造型	非创造型
3	创造型	创造型	非创造型
4	非创造型	非创造型	创造型
5	非创造型	创造型	创造型
6	创造型	非创造型	创造型
7	创造型	创造型	创造型

Gero 和 Kannengiesser进一步论述了三个世界的交互模型，见图 3-3（a）。外部世界由外在于设计者的表征构成。阐释世界以感官体验、印象和概念的形式构筑于设计者内部，它是设计者与部分外部世界交互的内部表征。预期世界是对设计即将产生效果的想象世界。这三个世界通过三类不同的联系方式连接在一起。“阐释”过程将从外部世界感知到的变量转换为对感觉体验、印象、概念等的阐释，进而构成了阐释世界。“聚焦”选择部分阐释世界的内容，作为预期

世界中的目标，继而转化为行动建议的基础。“行动”依据期望世界中的目标，在外部世界中带来一定变化。

图 3-3（b）构织了三个世界，并将三类设计表征作为反思活动，构筑了设计表征的特殊模型。预期设计表征（Xe^i）与设计状态空间相对应，即所有满足需求的可能的设计状态空间。向阐释世界内转移新的阐释设计表征（X^i），或是将部分预期设计表征移出预期世界，设计历程的状态空间都可能发生变化。这也将带来外部世界表征（X^e）的变化，变化后的外部世界表征又将构成再阐释的基础，导致阐释世界的变化。

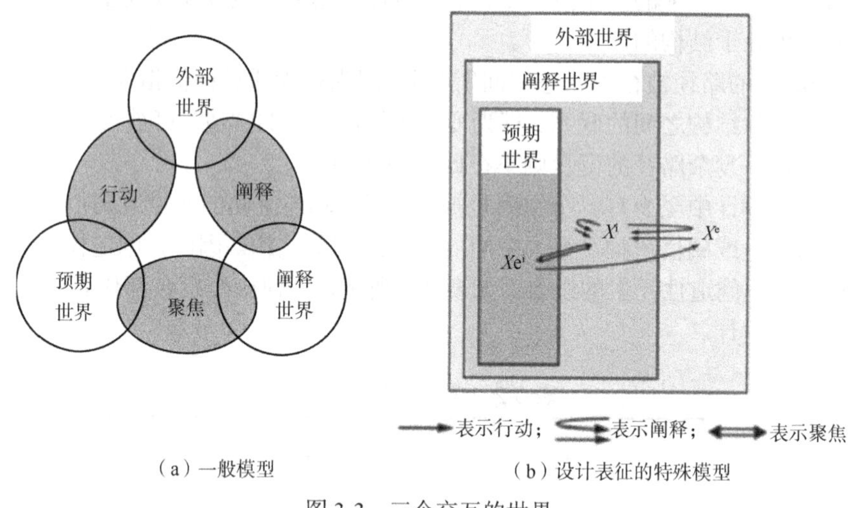

（a）一般模型　　（b）设计表征的特殊模型

图 3-3　三个交互的世界

3.2　设计型学习与创造力发展的关系

如前所述，设计型学习是个体及共同体为改进现实、发展自身知识与能力，围绕真实、劣构问题中人工制品的功能、标准与结构进行的迭代拓展性反思探究活动。其本质属性表现为：①具有双重目的——创造应有生活，发展自身知识与能力；②对真实、定义不良问题进行的主动求解；③围绕人工制品的 FBS（功能、标准与结构）进行的反思；④一种不断迭代拓展的探究循环。罗伦德、Cross、Gero 等对设计识知、设计认知因素、创造性设计的理解，帮助我们廓清了设计型学习关涉的诸多技能。

此时，当我们重新检视创造力发展的资源与策略时，发现设计型学习关涉的技能与创造力发展的条件不谋而合（表 3-3）。设计型学习的诸多技能可以综合作用，构成为创造力发展的“中系统”，为其提供有力支持。具体说来，设计型学习中的追求应有生活、发展知识与技能、真实且定义不良的问题、对人工制品 FBS 的反思、迭代拓展过程等，可有所针对、侧重地构成创造力发展的增长点。以下将做详细论述。

表 3-3　设计型学习与创造力发展的关系

设计型学习本质属性	设计识知的技能	促进创造力发展的策略	对应的创造力发展资源
追求应有生活	服务与责任；进化意识；对话	鼓励协同努力；学会从别人的视角看问题；发现真正的兴趣所在；推广自己的创意……	动机
发展知识与技能	知识增长；特定领域的知识与经验	不断学习；跳出已有框架……	知识、智力技能
真实且定义不良的问题	问题界定；方案生成	重新界定问题；对假设提出质疑；容忍模糊性；发现真正的兴趣所在……	智力技能、人格、动机
对人工制品FBS的反思	系统思维；判断；整合；警觉	重新界定问题；对假设提出质疑；学会跨界思考……	智力技能、思维风格
迭代拓展过程	容忍模糊性；对错误的积极态度	确定并克服障碍；容忍模糊性；延迟满足；穷其一生发展创造力……	智力技能、人格

3.2.1　追求应有生活与创造力发展

一般来说，科学追求服务人类；艺术旨在表达自己；而设计可看作是代表用户进行的追求应有生活的实践活动。服务与责任意识、进化意识、对话过程可帮助学习者学会从别人的视角看问题、进行协同努力并推广自己的创意，能够发现真正的兴趣所在，唤起个体的内部动机，增强对学习与工作的认同与投入。

社会系统的组织意在满足人们的需求与愿望。同理，设计涉及“达成理解”，至少具有部分的“他者表达”的属性。通过对话，设计者试图理解用户和其他利益相关者的需要和愿望，并成为他们的代表。这并不意味着设计者可以单独应对情境，简单地执行别人的愿望，而是强调设计者和其他人共同参与，为预料中和预料外的结果负责。避免预料外的结果，设计者需要更深地系统思考，这要求设计者具备能够承担责任的能力，并对人类在创造未来时所扮演的角色有清晰的认识。

代表用户工作，并不意味着将设计固定为一种特定角色或一种咨询形式。Banathy 区别了“为他人设计”和“与他人设计”[①]。他认为后者更为有效，因为此时的设计建立在对设计成员更丰富的背景理解基础之上，且更具伦理意义，它赋权于各成员来表达各自的声音。Banathy 进一步阐释到，让所有成员获得设计能力（为自己设计的能力）才是最道德的。

“与他人设计”的理念鼓励催生创造力的协同努力。创造性有时候会被人误认为是孤家寡人做成一件事情。实际上，人们通常需要在团队中一起共事，通过协同努力来激发创意。应该鼓励学习者同有创意的人共同合作、学会创造。“与他人设计”还促进学习者学会从别人的视角看问题。与人共事、同铸辉煌的一个重要条件是要学会从别人的视角看问题。学会了从不同的视角看世界，天地就会更加宽广。要鼓励学习者懂得理解、尊重和回应别人的看法。这一点很重要，许多高智商的人最后难成大器，也许就是因为他们没有培育好实践智力，缺乏与他人共事与交往的本领，不懂得珍惜别人的意见。

同时，“服务与责任”促使学习者向别人兜售自己的创意。人们往往会以为自己的创意值得欢呼雀跃，但是，实际情况并非如此。创意本身并不能自己向别人兜售。由于大家往往习惯于驾轻就熟，满足于现有的思维定式并且毫无风险，所以要别人改弦更张并非易事。因此，学习者需要学习如何说服别人欣赏其创意的价值，这是创造性智力的实践成分。“服务与责任”要求学习者在完成了一个设计项目后进行公开展示或者汇报，以便让大家能够了解其价值所在。

设计型学习追求“理想图景”的含义，还能够帮助学习者发现真正的兴趣所在。兴趣因人而异，无论是在工作还是生活中，那些最有创造力的人总是表现出对所做的事情无比热爱，而且主要是受到内部动机的激励。创造力不强的人总是会受到各种名利的诱惑去做某些事情，因此也就比较难出类拔萃。帮助学习者发现他们自己真正喜欢的事情，这并非一件易事，教师帮助学习者通过设计问题找到其真正的兴趣所在，这是至关重要的。

3.2.2　丰富知识、提升技能与创造力发展

Owen 认为，知识是通过行动产生和累积的，它的一般模式是做某事并评判结果[②]。这是一个循环的过程，用知识创造某项制品，对该制品进行评价来创建知识（图 3-4）。知识建构的一般模式有助于我们理解设计探究的原理。设计通过构造建构知识基础，即构造人工制品并随之评价它的表现。知识的使用和建构

---

① Banathy B H. Designing education as a social system. Eductional Technogy，1998，38（11-12）：51-55.

② Owen C L. Design research：Building the knowledge base. Design Studies，1998，19（1）：9-20.

过程不是没有结构的，它们通过渠道控制和导引。这些渠道就是设计探究运作的规则系统，其展露的标尺和价值体现了设计探究发展成熟过程中经由经验所形成的“识知方式”。

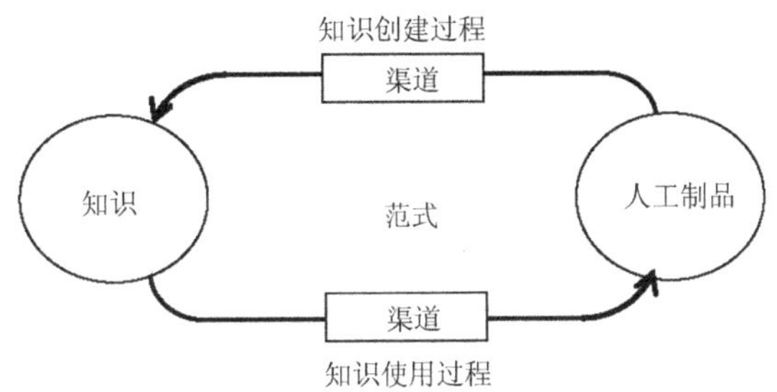

图 3-4　知识产生和累积的一般模型

设计型学习中，设计者在生产人工制品的同时，也促进了自身知识的增长与积累，这对创造力发展而言意义深远。从一定的意义上说，创造离不开知识，原因很简单，如果一个人不知道自己已经知道了什么，那么他就不可能超越现状。许多学习者虽然提出了自认为是有创意的想法，但是实际上并没有被大家认同，因为别人早已所见略同了。所以，相对而言，知识基础比较深厚、扎实的学习者可能在发挥创造性方面会更胜一筹。但从某一方面说，知识存量也可能成为萌发创意的拦路虎。虽然专家见多识广、学富五车，但是恰恰可能由此造成思维僵化与故步自封，因为专家有时候也会钻进死胡同难以脱身。所以，学习是一个终身持续的过程，需要有学而不厌的态度。

此外，设计型学习中知识创建和使用的过程唤起了智力技能的投入，这是创造力发展的必备条件。具体表现为：①设计中关涉的综合能力，可以帮助学习者从新的角度看待问题和从常规思维模式里跳脱出来，其中包括发散思维和思如泉涌的状态，学习者会创造、发明、发现、想象、假设和预测。②设计中关涉的分析能力，可以帮助学习者发现创意的价值。这要求学习者具备批判思维，从而启动聚合思维；已有的想法被加以整理并获取最佳的结论，学习者将从事分析、批判、判断、比较、对比、评价活动。发散思维和聚合思维的共同作用能使学习者在产生多种多样想法之后加以缩减并定义最终的产品。问题解决的过程正是发散思维和聚合思维结合作用的典型过程。③设计中关涉的实践能力，指向他人推销自己创意的价值，包括将抽象和理论转化为实际应用的能力。学习者能够将想法加以应用、付诸实践和实施，产生各种具有可行性的方法。

3.2.3　真实且定义不良问题与创造力发展

设计的本质体现为建构的、规范的、创造性的，提倡容忍模糊性，这是创造力发展的条件之一。在设计中，对问题的理解和问题求解可能是同步的过程，也可能是先后的过程。对设计问题的理解是在问题求解的过程中不断发展的。因此，问题的理解和问题的求解这两个过程是相互依赖的、同步进行的或循环的，目标是在问题求解的努力尝试情境中逐渐显现或被揭示出来的。问题的理解与解决方案是一同显现的，而不是按逻辑顺序一个接着一个产生的。因此，设计过程是一个动态的、不可预知的和不确定性的过程。

设计活动的另一重要特征在于快速地找寻一个满意的解决方案，而不是长时间地进行问题分析。设计者被限制在一定时间内生产具有一定实用价值的东西，而科学家和学者则可能经常需要暂停他们的判断和决策，“需要做进一步研究”是他们合理的结论。设计问题多是定义不良的劣构问题。它们与科学家和其他学者自己设定的“拼图”是不一样的。设计问题的信息并不完全，因此它们不容易被详尽分析，进而无法保证完全“正确”的解决方案。在这种背景下，一个着重于解决方案的策略显然更可行。为了应对不明确的问题，设计师必须学会自信地定义、重新界定和改变问题，用他们的头脑和双手寻求解决方案。

重新界定问题是指接手一个问题之后不是匆忙想办法去解决，而是反复掂量、细心琢磨、重新表述和改变视角。这是一个创造性思维发散性的部分。许多人在遇到一个新问题时会不知所措，不知道如何下手。教师可以通过多种途径来鼓励学习者自己界定问题和重新界定问题，应该鼓励学习者自己选择学习主题或者研究项目，当学习者做出不当选择时，允许他们予以调整，鼓励学习者自己做出选择，这才是他们真正学会选择的唯一途径。

真实且定义不良的设计问题可催生学习者对假设提出质疑和分析。每一个人都会提出假设，但通常人们并没有意识到自己在提出假设，原因在于彼此的假设均是惯常的、少有新意的。质疑假设是属于创造性智力中的分析成分。教师可以在课堂中做出示范，提示学习者在学习中善于区分已知和未知；应该创设条件使质疑成为课堂交流与分享的常态。学习者知道提出什么样的问题和怎样提出问题比简单地寻求答案更重要，学会如何思考比知道思考什么更为要紧。

3.2.4　对人工制品 FBS 的反思与创造力发展

设计型学习中学习者对人工制品功能、行为与结构的反思，关涉了系统思维、判断、整合、警觉等技能。系统思维需要看到与寻求的相互关系，需要从整体的角度进行思考。它要求人们认识到，系统并非产生于各部分之中，而处于各部分相互联系和相互依赖的关系之中，整体大于部分之和。它侧重于更高层次的复杂性（即同时出现更大程度的分化和集成）。设计中，系统思考发生在抽象、具体层面，以及二者之间的相互转换过程中。设计师利用模型（系统模型），构建可能创生事物的图像，以物理或具象的形式检测思想。图像与形式之间的对话，利用了本领域的样式语言，着眼于如何将样式综合成整体。设计，更准确地说是系统设计，由具备实践意图的新的整体构成。系统思维将会催生学习者学会跨界思考。也就是说，要在学科分割、知识门类繁多的学校教学中依据学生的兴趣和能力进行整合，以此培育创造性的想法和见解。系统思维可促使学习者从最擅长的学科与最不擅长的学科之间进行搭配入手，扬长补短。

将情境解读为“定义不良”，意味着设计者应对的不是那些明显正确或错误的决策。取而代之的是，他们需要做出判断并通过结果来学习判断是否恰当。判断既非理性决定，亦非直觉。判断是这样的一种能力：洞察且通过经验和反思，将洞察应用到复杂的、不确定的、定义不良的、矛盾的情境之中。Nelson 将判断界定为：基于知识的识知，与求知者密不可分。判断，建立在产生于特殊情境中的知识的基础之上，知识与求知者密不可分，只有通过求知者的行动才能显示。

设计中的判断强调解决方案而非问题，因此，设计者在解决问题的同时也在理解问题。设计师利用判断、依据目标将事物归合在一起，建构、组合成一个新的整体，这更多地依靠综合范式而非认知范式。因此，设计不仅仅是订制、安排和构造，它更体现为一种整合。设计利用某领域中的代码或语言来创造整体，不仅体现部分与关系，还突显出潜在的原则。因此，设计依赖于系统思维去理解已有的事物、创造可能的存在。

事实上，设计型学习中体现出的对应用领域特定的样式进行合成、对复杂关系的觉察和对行动反思的习惯，是迈向更成熟思维的必经途径，也是达成综合能力、分析能力和实践能力的有益条件。英国中小学设计与技术课程评估组认为，在“设计与制作”过程中，成熟的思维与行动之间复杂的互动关系十分有意义，该评估组提炼出“大脑与双手互动模型”（图 3-5），儿童通过具体的表述，如讨论、绘图、制作模型、建造原型以及建造过程等，便可以考察大脑内部的形象，使之得到完善，最终使人的思维更加清晰和具体，由此可以得到解决问题的方案①。

3.2.5　迭代拓展过程与创造力发展

迭代（iteration）作为一种开发模式在设计领域应用得非常普遍，它包括对一系列活动的重复应用，对一系列论断进行评估、解决一系列风险、达成一系列

① 丁邦平. 英国小学的“设计与技术”课程：建构主义的视角. 全球教育展望，2005，(8)：38-42.

开发目标，并逐步增量地建立并完善一个有效的解决方案。由于这种开发模式是对核心开发活动的重复应用，包括了对问题、解决方案定义以及解决方案实现的连续的细化，因此，它是一个迭代的过程。由于在一次迭代运行的周期中，对问题的理解以及解决方案提供的功能均会增长，因此，它又是一个增量的过程。迭代是针对工作流来说的，而增量属于产品范畴，指产品的成长或完善。在迭代中，其中数个或更多的应用被连续地组织起来以构成一个完整的项目[①]。设计型学习不是一蹴而就的，其体现出反复循环的迭代性质，为创造力发展提供了克服限制、延迟满足、留有创造时间等条件。Jonassen 对迭代设计过程的描述（图 3-6），能够帮助我们更加清晰地认识迭代设计对于创造力发展的意义[②]。

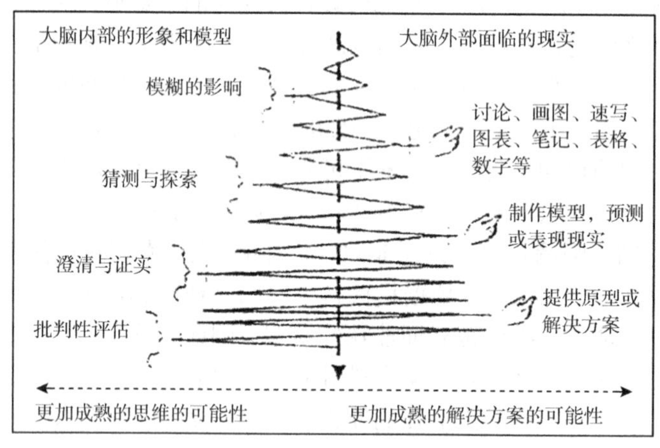

图 3-5　大脑与双手互动模型

迭代的过程是不断识别限制、克服限制的过程。有创造力的人几乎不可避免地会遇到限制，创造活动也可能遇到限制因素。真正有创造力的人会愿意付出一时的代价，因为他们从长远的角度看这样做是值得的。通常，一个有创意的价值要被别人认可并受到重视往往需要耗费很长的时间。迭代的设计型学习还将带来延迟满足。创造性的真谛之一是在某项任务或者项目上持久投入而无法得到即时回报或者中期奖赏。有创造力的人一定会了解回报并不总是唾手可得。人们在从事创造性工作时，通常会受到一时的冷遇甚至惩罚，通过迭代设计学会创造，实际上就意味着学会等待，甚至放弃。那些成大事立大业的人都是不计较一时一事得失，有耐心等待回报，有毅力去战胜长期挑战的人。

① 杨南昌. 学习科学视域中的设计研究. 北京：教育科学出版社，2010：63.

② Jonassen D H. Learning to Solve Problems：A Handbook for Designing Problems-Solving Learning Environments. New York：Routledge，2011：144.

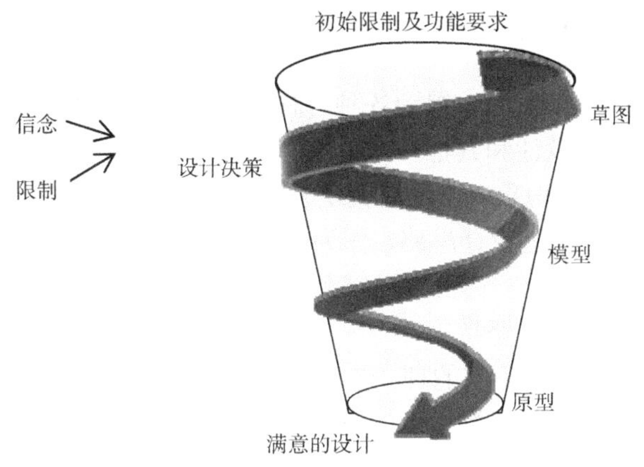

图 3-6　迭代设计过程

迭代设计带来了充裕的创造时间。追求速度领先一步并不总是好事情，说一个人聪明并不一定指的是快人快语。大多数创意不会在匆忙中登台。理解和应对问题均需要时间。留有时间、拥有耐心才会有益于创造。迭代设计意识将促使学习者穷其一生发展创造力。创造力的发展是一个毕生的过程，不是说考试结束就万事大吉了。一个重要的创意可能就是学习者一生的追求指向，不患得患失，过分的思前顾后一定会导致故步自封或者丧失斗志。在迭代增量的过程中，学习者可以持续不断地做出努力赢得未来。

迭代设计鼓励对模糊性的容忍。设计中体现的创造性想法往往以零散、片段的方式显现并且要有一段很长的时间才能清晰起来，不过进入到这一阶段前常常会让人觉得坐立不安。如果匆忙下结论或者难以容忍模糊性，人们就会半途而废或者与最佳解决方案失之交臂。大家总是喜欢黑白分明、对错有别，但是创造性活动却有着许多说不清道不明的模糊地带。艺术创作、科学探究和生产劳动中均有这样的例子。容忍模糊性并非易事。人们应该鼓励学习者接受并且延长创意的磨合期，将不确定性与进退两难看成是创造性活动不可分割的一部分。人们只要坚持不懈，创造性活动总是能够从模糊变得清晰。

3.3　设计型学习中促进创造力发展的典型工具

学者们对设计创造的认知工具做出了大量的探索，其中对“灵感源”的探讨较为丰富。以下将概述灵感源的特点，并对最典型的灵感源——文本与草图加以论述。

3.3.1 灵感源概述

设计者可以从日常生活中得到各种各样的灵感，灵感源特指那些能够作为当前问题参考的之前的设计和其他资源。灵感源可能是自然界和日常生活中的几何形状、艺术品、物体和现象，也可能表现为抽象的文本、先例、设计草图、图表。一方面，灵感源可以促进设计思路，作为组织建造设计者的心理表征的基础，成为思维产生的触发器；另一方面，灵感源有时可以对设计起固着的作用，即增强对某类思维和概念的盲目坚持。

将刺激作为灵感源，不同的理论有不同的理解。联结论声称创造是关联的结果，这种关联可以由刺激获得。当外部的刺激被视为灵感源时，它促发个体在短时记忆里搜索线索，进而探索长期记忆，这使知识的获得变得更容易，并促进思维的活跃。一旦思维活跃起来，它可能把激活的东西蔓延到具有相关属性的其他领域。人们开发的一些计算机辅助设计工具就是以联结论为基础的，旨在激发设计效果。例如，Segers 等建议创意空间系统应提供词、图作为反馈，以帮助设计者产生更多的联想和新奇的设计概念，他们认为，词、图的使用在发散的、探索型的思维过程中有用，而不是在聚合型的、集中的发展中有用[①]。

一些研究者发现刺激的形式影响着设计创造的效果。Malaga 认为，图形比词语及组合型刺激更能诱导出创造性思维[②]。然而，刺激形式的影响可能依赖于感知到它们的人。Mednick 等基于不同的关联倾向把人类分为“视觉型的人”和“语言表达型的人”[③]。“视觉型的人”擅长于生产和操纵心理图像，而“语言表达型的人”倾向于在有丰富的语言刺激存在时找到创造性的解决方法。由于设计教育和练习的本质，大多数设计者被训练为“视觉型的人”。最终，人们期待初学者和有经验的设计者可以对不同的刺激形式有不同的反应。

另外，研究表明，对视觉刺激的反应与表征的抽象水平有关。Christensen 和 Schunn 比较了以草图为形式的外部支持系统和由设计者自身制造出的原型，探讨二者对设计效果影响的区别[④]。他认为，物理原型比草图包含更多的外在的细节，因此，原型可以引起更多的内在和外在类比，但是，草图可能引起更多远距离的和结构上的类比。Ball等发现专家型设计者可能呈现更多的图式驱动而不是

① Segers N M，De V B，Achten H H. Do word graphs stimulate design? Design Studies，2005，26（6）：625-647.

② Malaga R A. The effect of stimulus modes and associative distance in individual creativity support systems. Decision Support Systems. 2000，29（2）：125-141.

③ Mednick M T，Mednick S A，Michigan U A A. The associative basis of the creative process. Psychological Review，1962，69（3）：220-232.

④ Christensen B T，Schunn C D. The relationship of analogical distance to analogical function and preinventive structure：The case of engineering design. Memory and Cognition，2007，35（1）：29-38.

案例驱动类比，然而，初学者则相反[①]。总的来说，已有研究表明，不同形式和表征的灵感源对设计效果的影响有所不同，最终作用也根据设计者专业知识水平的不同而有所区别。

虽然灵感源提示是有益的，但它可能在实际上阻碍了创造。它可能干扰或者约束新的设计认知，因此导致对特定问题做出过早的定论，产生“设计固着”的问题。例如，当观察他人已经完成的解释时，设计者可能更难发现备选方案了。有证据显示，设计固着可能与图片表征有关。Jansson 和 Smith 发现了向学生展示图表或图表的一部分，会使学生难以放开他们的想象[②]。此外，设计固着的程度可能依赖于设计者的专业知识水平，有经验的设计者受在他们自己领域的案例和设计原则方面的影响更大。

总之，这些研究结果说明了灵感源的形式、抽象程度和设计者的专业知识水平与设计固着之间存在着关联。设计者的设计经验和自己领域的知识决定着方法的效用和创造更高水平类比的能力。初学者易于做出表面上的类比，然而有经验的设计者则能做出结构上的类比。初学者更喜欢那些能够帮助他们确定绘制图形、连接到他们日常知识的刺激。以下对文本和草图作重点论述。

3.3.2　文本

文本刺激能否促进设计概念的形成？创造性的想法是记忆中已存在的知识和叠加在现有知识上的新信息结合成的未预料到的新组合。要理解一个普通的概念，我们需要具备在特定情境中对这个概念进行抽象化并且加以利用的能力。而身处这样的情景，我们要有把资源的语境内容转换成我们的目标想法的能力，我们的记忆中存储着各种想法、形态、颜色、材料、对行为的理解以及不同抽象事物和有形事物之间的关联。一个设计者的职能就是把那些知识碎片整合然后创造出一个新的整体。很多研究者认为，基于已知知识的组合对于创造的过程意义重大，新想法源于已存在知识中发现的想法的新组合。

如前所述，接触不同种类的刺激有助于概念的产生，目前许多研究都在探究包含想法的文本是否有助于催生创造性概念。接触文本刺激与接触视觉刺激不同。首先，有些想法能够用文字表达出来却不能用视觉画面呈现（反之亦然）；其次，接触视觉画面有时会限制一个人对画面的搜寻，而文字和短语的冥想给文字转换为视觉画面这一过程提供了更广阔的操作空间。我们相信刺激的形式可能

① Ball L J，Ormerod T C，Morley N J. Spontaneous analogising in engineering design：A comparative analysis of experts and novices. Design Studies，2004，25（5）：495-508.

② Jansson D G，Smith S M. Design fixation. Design Studies，1991，12（1）：3-11.

会多种多样，起作用的形式也形态各异。文本对人们来说有着特别的吸引力，因为它们可以蕴含多种想法和观念，并且可以以不同的方式解读。

研究者发现阅读不同种类的包含想法的文本，能够在短期的设计练习中激发学生的灵感并巩固设计的原创性和创造性。在我们的理解当中，文本刺激的原创性灵感激发能力与以下三者联系最为紧密：结构、行为和它们之间的关系。功能需要更精确的知识并且相对弹性小，所以从刺激推断暗示并且将它用到任务中就更难。所以，刺激对于正在实施的设计的功能的影响可能性更小。

将其他地方的想法原封不动地转化成一个新的设计几乎是永远不可能的，转化和调整的过程服从于对任务和刺激因素的特定理解和阐释。从刺激因素中发掘有用的观点需要创造性，有时灵感会起帮助，而有时一个好主意只需要从记忆中提取出来，这个好主意事先已经储存在记忆中，只等待合适的时机发挥作用。成功的设计者们有一个共同的特点，那就是他们习惯于收集有灵感的素材，然后将它们存储在一个永远都在增长的潜在设计素材库里面。一个经验丰富的成熟设计者通常会比一个新手有更多这一方面的可用素材存档，因为新手还没有建立起一个很大的灵感素材库。自不必说，除了经验之外，给自己的素材库挑选合适素材的眼光也是一个必要的条件，而这样的眼光只能部分通过经验获得，这样的眼光同样也需要天赋。

很多设计情境中需要文本作为必要的提示和提供刺激的资源。第一种情况，当问题很新且不常见的时候，记忆中很可能没有可用的对应资源用来提取，即使这个设计者非常有经验。第二种情况，当一个问题需要非常快地解决，导致没时间去彻底搜寻记忆或其他的可能有用的资源。第三种情况，当设计者是一个可用灵感资源仍然很有限的新手。在以上这些情况里，设计者很可能受益于涉猎这些能够提供一个起点或者触发点的刺激，如文本，这个起点或触发点能够使搜寻想法的过程更有效率，时间也可能更短。

3.3.3 草图

草图是个人和他人检验和传达思想的有效工具。它也同样起到一个将思想外化展示以促进推理和发现、从意指的东西推断出未意指的东西、从看见的东西推断出未看见的东西的作用。设计或是图解的草图是有结构的，它们由一些有意义的要素或片段组合而成。这些要素通常是很简单的，如线、点，这样可以很容易地从几何结构和形态内容中解读出数据的意义。

草图是一种把思想外化、把内在的想法公开、把转瞬即逝的想法留住的方式。当然，语言记录也可以做到这些，但是草图有一个优势，那就是可以直接传递视觉空间的想法，在纸上用草图来传递抽象的原理和空间关系，这样便可以解释它们的普遍存在。草图具有语言的某些特点，但又不像语言，草图直接传递比喻和相关的内容，促进记忆、推理和发现。当然，草图也可以隐喻地传递抽象概念，在纸上用原理和空间关系来传达抽象原理和关系，用这种视觉空间的方法来传递思想，相对于更抽象的语言方法而言更加容易理解和推理。草图的外形促进了记忆，提供了一个不需要依靠人类记忆的档案。它也为工作储存的内容提供了记号，减轻了掌握内容和记忆内容的双重负担，同时对记忆起了促进作用。草图的公开性允许一个团体去观察、评论它，以及校订想法和用外部的表征法去发布那些校订的版本。

与口头语和书面语相似，草图也是一种交流的方式，但草图有一个多于语言交流的作用，那就是草图经常起到和自己交流（即反思）的作用。草图的作用之一在于检查一个想法的完整性和内部相容性，特别是一个受空间条件制约的想法。草图是想法的一种文字模式，一个想法存在的证据。草图的另外一个作用是去发现新的关系和价值。这些看得见的物体和关系可以促进新想法的产生。绘制草图的人在脑海里赋予了草图一定的思想和目标，但是也可以意外地在他们的草图中看见新事物和新配置。这些体验产生了受欢迎但却是无意识的发现，并且可以成为新设计想法的富有成效的来源。许多领域的草图不展示真实的事物，但是他们代表真实的事物。它们有别于现实之处在于：它们缩减信息、增加信息、扭曲信息。因此，它们不是客观的图像，至少不是传统感觉上的图像，而是内在的认知。草图是思想的外化，因此它们能够传递思想，尤其是能有效地传达视觉空间的思想。它们也可以促进发现新的事物和关系，培养新的思想。

草图可以帮助设计者发现意想不到的结果、惊喜，使设计持续地与情境进行反思性对话——这是设计思维的典型特征。Goldschmidt 称之为“辩证的草图”：“视之”和“视为”之间的对话，“视之”指反思性批判，“视为”指类比推理和对草图的重新解释，它们能够激发创造力①。Goel 认为草图不仅可以帮助设计者按垂直转换顺序开发设计概念，还能横向转换，拓展解决方案空间：向新的备选方案的创造性转移②。Goel 强调，草图固有的含混性是将草图作为设计工具时一项积极的特征。草图不仅汇编了正式或形状方面的设计概念，它们还帮助设计者来识别和考虑设计的功能等因素。草图至少有三种功能：①作为一个外部存储设备，将思想标志为视觉符号；②为联合功能性问题提供视觉线索；③作为情境性行动中构建设计思想的一个物理设置。总体而言，人们很容易从一张结构良好的

---

① Goldschmidt G. The dialectics of sketching. Creativity Research Journal，1991，4：123-143.

② Goel V. Sketches of Thought. Cambridge，MA：MIT Press，1995：89-95.

草图中获得结构、未看见的信息，例如移动，也可以从草图中推断出来，尽管从看见的东西中推断出未看见的东西需要依靠专业知识和能力。

文本、草图等，作为设计中最常见的认知工具经常扮演着灵感源的角色，它们本质上是可以促进设计创造的特殊信息结构。然而，众多研究成果显示，对于设计创造而言，前期提供的信息量不是越多越好，信息呈现的方式也未必是越具体越好。它们与设计创造呈倒“U”型曲线关系。即在初级区间，信息量、信息具体程度与设计创造呈正相关，过了某个临界值，则呈负相关。这些研究结论提示我们，在构建设计型学习模型时，应根据具体情境对相应认知工具加以选择。

本章对设计型学习中创造发生的机制、设计型学习与创造力发展之间的关系、促进设计型学习中创造力发展的典型工具做出了论述。当我们借助这些视角，检视与评价设计型学习已有的理论与实践时，将会为进一步挖掘设计型学习的功能、构建针对创造力发展的设计型学习模式提供具体操作依据，这将是第 4 章的目的所在。

第4章　典型设计型学习模型述评

任何学习模型的构建都不可能是凭空产生的，它一定是在社会时代需求、人才培养的要求、学科发展的推动等综合作用下产生的。设计型学习作为应对知识经济社会中人才培养规格要求的积极回应，已在理论与实践层面积累了一定的经验。检视与评价已有设计型学习的理论与实践，将会辨析其中有价值的成分，甄别其中可供改善之处。因此，本章将述评已有的相关研究并重点介绍美国三项设计型学习的案例：Nelson 的设计型学习、Kolodner 的设计型学习、Schunn 的设计型学习，以此作为增长点，进一步挖掘设计型学习的功能，为构建针对创造力发展的设计型学习模式做准备。

4.1　设计型学习模型研究概述

4.1.1　国外研究

国外研究通识教育中的设计型学习的团队大多来自欧美国家。美国设计型学习的广泛应用得益于它强大的研究力量，其中佐治亚理工学院、加州州立理工大学、麻省理工学院、匹兹堡大学、斯坦福大学、密歇根大学等的研究项目，引领着世界范围内设计型学习的潮流。就内容而言，主要包括模型构建、应用效果评价等方面。

1. 模型构建

美国创新技术博物馆认为，设计型学习包括几个基本的环节：①概念化。通过识别问题、材料和参数进行概念化；通过头脑风暴获得的想法和可能的解决方法进一步概念化。②创建和测试。选择一个方法；设计和创建；形成模型；再设计和修改；再测试。③获得知识。通过研究，分享解决方法，反映和讨论获得知识。

美国佐治亚理工学院教授 Kolodner 认为 LBD 活动以循环的方式展开，包括两个基本的循环环节①：设计 / 再设计循环与调查 / 探究循环。设计 / 再设计循环涉及成功完成设计挑战任务的活动。由于挑战任务的成功完成离不开探究活动，因此 LBD 还需要调查 / 探究循环。

Nelson 的实践研究的设计型学习的可操作模型称为"逆向思维学习过程模型"。②Nelson 认为，传统的"顺向"教学始于基本事实，"逆向思维"开始于最高级别的推理。学生开始设计和制作从未见过的学习对象，这些正是他们将要从课本中学习的知识。学生解释学习对象的功能和所属之处，然后，他们通过传统的指导课程学习基本的课题。

美国密歇根州立大学教育学院 Fortus 等开发的基于设计的科学（design based science，DBS），强调设计的目的在于使所有的科学课程活动情景化，设计被看作科学知识和真实世界问题解决技能之间的中介。参与过 DBS 课程的学生能够将从课程中获得的解决问题的技能推广应用到一项相关研究的开放性设计任务中③。

美国匹兹堡大学学习研究与发展中心的 Apedoe 等认为，利用设计进行科学学习时，重复一般性的结构化过程，可以帮助学生学习和实践重要的科学知识和设计技巧④。这些知识和技巧将在之后更高层面的学习中得以利用，并且可以在学习之后有所迁移。

2. 模型应用效果及评价

学习质量及其评价是任何学习研究始终无法回避的问题，设计型学习的研究者们为此做出了长足的探索。Penner 等为了激励孩子们探索人类手臂的生物力学原理，要求孩子们设计人类关节的模型⑤。这项研究关注学生开发的模型和学习过程中这些制品的重要性。研究表明，设计一个人工制品的目标能为科学学习提供一个有效的情境。

---

① Kolodner J L. Design research on learning environments. Learning by design：Iterations of design challenges for better learning of science skills. Cognitive Studies，2002，（9）：338-350.

② Cal Poly Pomona. DBL program at CEIS celebrates its 22nd anniversary with exhibit. https://www. cpp.edu/~ceis/news/Doreen%20Gehry%20Nelson.shtml[2018-11-13].

③ Fortus D，Dershimer R C，Krajcik J，et al. Design-based science and student learning. Journal of Research in Science Teaching，2004，（10）：1081-1110.

④ Apedoe X S，Reynolds B，Schunn C D，et al. Bringing engineering design into high school science classrooms：The heating/cooling unit. Journal of Science Education and Technology，2009，17（5）：454-465.

⑤ Penner D E，Lehrer R，Schauble L. From physical models to biomechanics：A design-based modeling approach. Journal of the Learning Sciences，1998，（7）：429-449.

在 Roth 的设计类课程中，学生把大部分时间用来创建塔、桥和小屋①，其研究重点关注人工制品在社会建构知识中的重要性。他的研究表明，在某些情况下，学生能够共同地“发现”创建一个合意模型时所需的工程知识。研究认为，人们应明确地揭示工程知识概念和其所蕴含的科学原理之间的联系，并且将其呈现给学生。学生们负责选择他们要研究的问题，在构建中实现问题求解，并且在设计过程中管理自己。在这个案例中，设计项目是最终的体验。学生事先已经学习了一些神经科学的知识，并且在这些项目中实施、巩固和应用他们的知识。

Mehalik 等利用准实验的方法检验“设计型学习”与“基于剧本的探究”的效果②。研究选取了 8 年级的学生，要求他们在 4 周时间内学习电学概念，并利用真实的工程设计方法，设计和制造一个电子警报系统。研究从性别、种族和社会经济地位角度探讨两种学习方式的效果。结果表明，“设计型学习”在核心科学概念获取、学习投入、学习保持方面比“基于剧本的探究”更具优势，“设计型学习”对那些低绩效的非裔美国学生最有帮助。

Doppelt 认为，在真实项目的设计过程中提升创造思维品质，不仅应改善教学方法、学习环境，更重要的是应采纳新型评价手段，如档案袋评价等③。研究检验了最终的学习效果发现，学生能够掌握记录设计过程的技巧，学生的项目反映出不同水平的创造思维品质。研究者认为应在团队活动和学生反思方面做进一步探讨。

Recker 等检验了两种不同类型的网络工具对教师教学设计能力的影响，探索了教师如何适应不同的工具和社会软件、如何支持教师通过设计来进行学习④。这两种工具尽管在设计空间中的功能不一样，但都根据教师不同水平的教学设计能力，利用同伴生产过程来支持教师开发和设计课程材料与在线开放资源，为学习者设计不同的学习活动。

4.1.2　国内研究

近年来，随着国外设计型学习的兴起，国内研究者开始关注这一主题，研究成果陆续发表。王佑镁及其研究团队是国内最先系统关注设计型学习的群体，他

① Roth W M. Art and artifact of children’s designing：A situated cognition perspective. Journal of the Learning Sciences，1996，（5）：129-166.

② Mehalik M M，Doppelt Y，Schuun C.Middle-school science through design-based learning versus scripted inquiry: Better overall science concept learning and equity gap reduction. Journal of Engineering Education，2008，（1）：71-85.

③ Doppelt Y. Assessing creative thinking in design-based learning. International Journal of Technology and Design Education，2009，（19）：55-65.

④ Recker M，Sumner T，Recker M，et al. Supporting Teacher Learning Through Design，Technology，and Open Educational Resources // Fischer F，Hmelo-Silver C E，Goldman S R，et al. International Handbook of the Learning Sciences. New York：Routledge，2018：267-275.

们的系列论文介绍了国外设计型学习的社会背景、定义、特征、理论基础、应用模型价值取向，并将设计型学习作为探究性教学新样式加以推介，为人们认识和利用该类学习模式奠定了坚实基础[①②③④]。

当创客教育在国内逐步兴起后，研究者们发现设计型学习在推进创客教育、STEM 教育方面具有原生优势，开始探讨其在促进创造力发展的价值、原理、操作方式及应用策略。朱龙和胡小勇从学习与创新能力培养、师生活动、创客教育环境三个层面出发，构建以探究设计和反思为核心的面向创客教育的设计型学习模式[⑤⑥]。黄利华等通过整合双循环探究模型，建构了创客教育的设计型学习流程，突显了学习与设计的迭代循环，突出了创客教育的复杂性和探究性[⑦]。有研究者以设计型学习的一般流程与创造力培养为切入点，构建了促进学生创造力培养的设计型学习实践模式[⑧]。

有人构建了设计型学习视域下的 STEM 教学模型，实践研究发现，设计型学习视域下的 STEM 教学能够提升学生对知识概念的习得以及对知识的迁移应用，能够提高学生的科学探究能力，能够激发学生的学习兴趣，同时也在一定程度上增加了学生的认知负荷[⑨]。有研究者借鉴典型的设计型学习模型，从学生创新探究能力培养、师生活动和教学环境三个层面出发，构建了一个以“跨学科融合”“循环迭代”“过程体验”“问题解决”为核心的、面向 STEM 教育的设计型学习模式[⑩]。有人指导学生参加 2018 年 FLL 工程挑战赛，从赛前、赛中、赛后三个层面出发，提出了基于设计型学习的机器人竞赛教学模式[⑪]。

总体而言，国内外各研究团队针对设计型学习模型的研究较为丰富。这些研究从不同层面、不同角度，结合不同的学科内容，借鉴不同的学习认知假设，构

---

① 王佑镁. 设计型学习：探究性教学新样式——兼论 Nelson 的逆向思维学习过程模型. 现代教育技术，2012，22（6）：12-15.

② 伍海燕，王佑镁. 整合设计与学习：科学教育中的设计型学习探析. 全球教育展望，2010，39（12）：52，75-78.

③ 李璐，王佑镁，张文杰. 设计“自由之城”——美国“设计型学习”案例分析. 中小学信息技术教育，2009，（11）：71-72.

④ 王佑镁，李璐. 设计型学习——一种正在兴起的学习范式. 中国电化教育，2009，（10）：12-16.

⑤ 朱龙，胡小勇. 面向创客教育的设计型学习研究：模式与案例. 中国电化教育，2016，（11）：23-29.

⑥ 朱龙，胡小勇. 设计型学习：让创客教育落地于教学. 中小学信息技术教育，2016，（7）：68-71.

⑦ 黄利华，包雪，王佑镁，等. 设计型学习：学校创客教育实践模式新探. 中国电化教育，2016，（11）：18-22.

⑧ 饶敏，胡小勇，张华阳，等. 如何促进学生的创造力培养?——从设计型学习初始模式到设计型学习实践模式. 现代教育技术，2018，28（9）：59-65.

⑨ 赵亚萍. 设计型学习视域下的 STEM 教学对小学生科学探究能力的影响研究. 华中师范大学硕士学位论文，2018.

⑩ 秦瑾若，傅钢善. 面向 STEM 教育的设计型学习研究：模式构建与案例分析. 电化教育研究，2018，39（10）：83-89，103.

⑪ 罗倩茹，秦健，刘宝瑞，等. 基于设计型学习（DBL）的机器人竞赛教学模式构建研究——以 2018 年 FLL 工程挑战赛“饮水思源”为例. 中国教育信息化，2018，（17）：41-44.

建了行为层面的一般动态模型，为廓清设计型学习的理论基础及操作方式做出了积极贡献。任何新兴学习方式在倡导之初都需要向人们证明其较之传统学习方式的科学性、合理性及优越性，因此，探讨设计型学习与传统学习方式的差异尤为必要，在此基础上讨论该方式的适用的学习对象、学习内容、学习环境是细化研究的取向。就研究方法而言，该领域所利用的方法十分丰富，包括质性研究（描述、访谈、田野观察等），量化研究（准实验、量表调查等），采集不同的证据支撑相应论点。以下将重点介绍、评析其中三种典型的设计型学习模型，以期提取其可供参考之处。

4.2　Nelson 的设计型学习

4.2.1　模型简介

Nelson 是一位成就卓越的教育理论家、研究者和课程设计者，是美国建筑师学会的荣誉会员。她所倡导的设计型学习（design-based learning，DBL），提倡颠覆传统学习死记硬背的习惯，让学生通过建构能够表征课程概念的物理人工制品，在高水平思维层面进行思考。如今，设计型学习不仅在美国加州得以实施，芬兰、日本也在积极引进该项目。

在 DBL 中，教师设置挑战，帮助学生创造能够反映主题、概念和标准的物理对象。通过构建这些对象，学生在一个能够促进回忆与再利用信息的互动环境中学习基础科目。他们学会在最高思维水平上进行逻辑联系、因果界定、类比推理和批判性思维。利用设计专业中的简化技术，他们学习如何计划、实验、探索、解释、区别，并修改和证明自己的想法。

心理学家布鲁纳认为学习的最高境界在于能够发现课程中所隐含的最普遍的原则。基于此，DBL 的想法最早源于社区，因为它由各个独立的部分恰当地构成在一起。一个社区也有同样的特征：可被即刻理解的、无威胁性（每个人都持有自己的观点）、结果是灵活开放的。根据不同的等级水平，社区可以是一所房子、一座城市、一个村庄、一个企业、一个政府等。学生通过规划社区的合理功能，了解社区制度和组织。如它包含哪些部分？每部分所需要是什么？它是如何与他人互动？如果某部分发生故障该如何处理？谁可以提供帮助，怎么提供帮助？

在学生开始阅读、写作或交流之前，教师提供设计挑战。例如，如果课程的主题是有关货物和服务运输的，那么挑战设计可能是设计一个从未见过的城市内运输乘客和产品的系统。其中，学生的构建对象 3D 模型都非常简单，例如，揉皱、折叠、卷起、撕破、粘贴或刺破笔记本的纸。最后成品模型是什么样的显得并不重要，要紧的是学生去制作模型、解释它的运作原理。

4.2.2　实施案例

Nelson 提出了“逆向思维”的构想，这源于传统的教学目标分类层级。教育心理学家布卢姆曾经指出，多数的教学和学习都只强调记忆和理解事实，然而，真正的学习目标应该是能够分析、综合和评价事实和思想，并发展原有的思想。Nelson 认为，传统的“顺向”教学开始于基本的事实，“逆向思维”则开始于最高级别的推理。学生开始设计和制作从未见过的学习对象，这些对象隐含着他们将要从课本中学习的知识。学生首先解释学习对象的功能，然后通过传统的指导课程学习基本的主题。图 4-1 呈现了 Nelson 的设计型学习——“逆向思维”学习的流程模型。

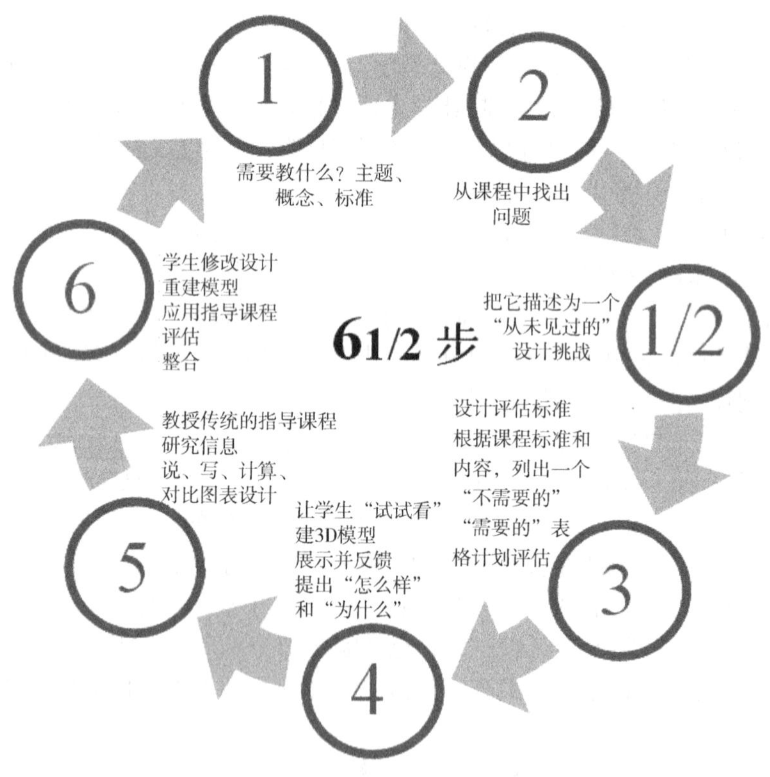

图 4-1　“逆向思维”学习流程

如图 4-1 所描述的，第一步，需要教什么？确定基础课程的一个主题或概念。如保护是一种普遍存在的概念。在社会科学中，学生需要了解保护的内容、法律中保障生命和财产的法律条文，了解在科学中皮肤对人体的作用、血液中抗体的作用。

第二步，从课程中找出问题。如人或身体是怎样被保护的？“1/2 步”，把问题转为一个“从来没有碰到”的挑战任务，如“从没见过”的保护人们免受侵犯的方法或保护身体的方法。可以设置这样一个情境，如果有一种高度传染和致命的疾病正在这个城市中蔓延，你作为一名公共卫生部门的官员，负责找出传染病的源头并且要阻止疾病进一步扩散。学生在碰到这个挑战的时候，就要开始思考用什么方法可以解决这个问题、哪里可以找到解决这个问题的方法，这就必须用到有关这种疾病的词汇，然而学生并没有在正式学习中学习这些词汇。

第三步，根据课程的目标和内容设计评估标准，制作 “不需要的”和“需要的”两张列表。老师首先要求学生做出“不需要的”的列表，学生通过预想他们需要规避的功能来完成此项任务。这份列表用红色标出（表示停止）。然后，教师介绍“需要的”列表，这其实是一个目标隐藏的环节。该列表介绍了正在研究的概念、词汇。但学生并不知道这一点，他们只知道，这些是挑战的基本规则。此列表是用绿色标出（表示前进）。学生将满足列表中的需求视为自己的任务，他们通过理解列表中的词汇和任务逐步取得进步。如表 4-1 是一个疾病防御的评估标准。

表 4-1　疾病防御：评估的准则

不需要的	需要的
不能让人们待在他们的家里 不能让他们穿古怪的衣服 不能让他们吃坏了的药	疾病是从哪里开始传播的 疾病是怎么发生的 哪些人最容易受传染 人们多长时间会出现疾病的征兆 疾病在人与人之间是怎么传播的

第四步，让学生“试试看”。可以让学生用纸制作一个粗略的三维模型，此过程可激发学生的思维能力和解决问题的能力，并可让学生讲述所面临的挑战，这样他们就反复使用了课文中所要求的词汇。接下来学生通过反馈来完善模型，鼓励小组之间的沟通与合作，并使用课文中的词汇记录讨论的内容，最终学生将在班上做一个报告。

第五步，教师教授指导性课程。教师在讲述解决办法的过程中，展示学生制作的模型，这样可引起学生的兴趣，使他们在内部动机的驱动下去了解更多相关信息。如此，学生可能已经学会使用教科书中的词汇，再通过获得的新信息，将更有兴趣地去学习教材中的总结、图表、计算等，并修改、完善原来的报告，最终形成一个正式的报告，展示给全班同学。

第六步，学生修改设计。学生将模型制作过程中和教材中学到的知识综合，加上得到的反馈，进一步修改设计的模型。

开发 DBL 课程需要借助一定的编制工具，图 4-2 呈现了 DBL 课程的整合原理，是教师课程开发时所需的“脚手架”。如图 4-2 所示，依据课程标准，DBL 开始于设计挑战（三角形），当学生制作 3D 模型时，他们积极寻求指导课中（下排 5 个正方形）所包含的信息，这些信息是从设计挑战开始时制订的“需要的”列表当中提取出来的。交流、阅读、写作和计算是 DBL 的核心要素，学生通过设计活动可学会口头表达、构建图表、做研究、制订比较列表、撰写报告和数学计算。例如，从未见过的交通系统的设计挑战，可能涉及以下研究：重力和振动的作用（物理）、历史上的旅行方式（历史）、食品生产者和消费者之间的相互依存关系（经济学），以及对距离、能量和规模的计算（数学）。

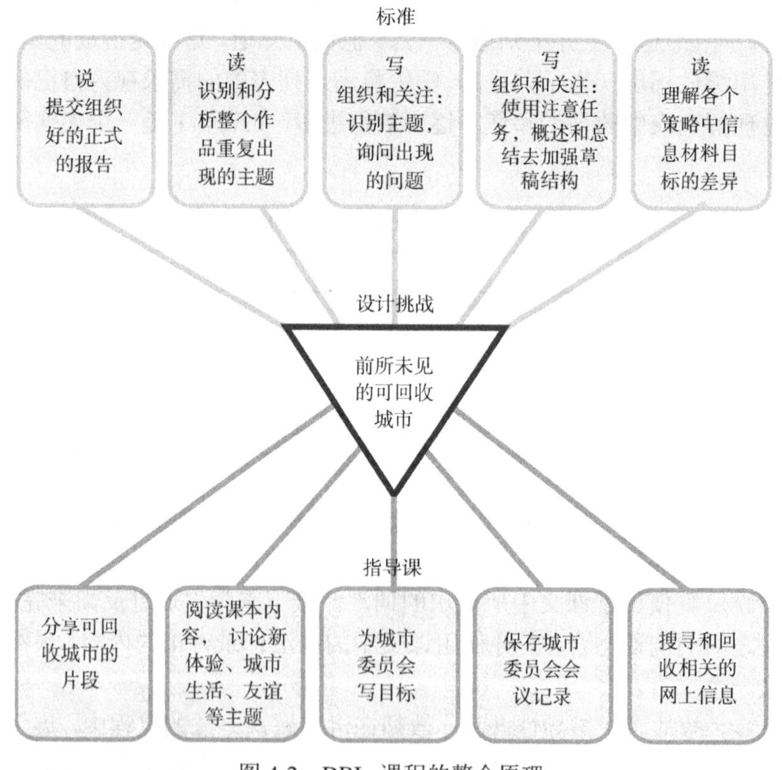

图 4-2　DBL 课程的整合原理

为了更好地推广 DBL，提高 k12 教师实施 DBL 的能力，项目组提供了系统的有关 DBL 的非学历教育和学历教育。如美国加利福尼亚州帕萨迪纳市艺术中心设计学院除了常年开设的 DBL 班、研讨会和会议，自 2001 年以来，还开办了一个为期 5 天的 DBL 集中暑期学习班。

加州州立理工大学波莫纳分校提供DBL 硕士学位课程及预备课程。硕士学位课程的内容包括：①教授 k12 课程标准中所要求的动手实践技能，共同研究促进智力和社会发展的有效方法，提供城市建筑教育的实用案例和指导用书，以整合不同州的课程模型。②实践学习，以促进更高层次思维方法的研究。内容包括学习的空间、视觉、听觉和书面材料之间的非指定性迁移。③研究可视化及显示和组织信息的流程、工具和技术。提供大量练习，其中包括构想、连接基础课程的各种机制和方法。④关于组织时间、空间和人力资源的训练。将课堂视为微观世界，以研究其中的组织行为。探寻教室中的事物，检验空间、人员和时间是如何结合在一起的逻辑。⑤开发课程。整合所有元素，将课程以正式、可视化的方式呈现在师生面前。

4.2.3 效果评析

归纳而言，传统教学与设计型学习的区别如表 4-2 所示[①]。

表 4-2　传统教学与设计型学习比较

教学要素	传统教学	设计型学习方式
教师	教学中的主角、专家和权威	教学中的引导者、帮促者、合作学习者
	以向学生传递前人经验知识为主	老师通过提出挑战来展示概念，这个挑战是建立在一个团体的三维模型上的，有利于共同决策
教学策略	教师通过讲课、讨论或者阅读任务传递学科的基本知识	老师在挑战开始的时候就设定了标准，因此才可以去评估完成的项目
	自上而下的顺序教学，根据教学计划，在基础的知识上教授更复杂的知识	自下而上的逆向教学。学生设计完成挑战任务，为了解决在挑战任务中遇到的问题，学生查询书本、浏览网站、询问专家，自主学习知识；教师再根据学生的完成情况巩固学生已经学会的基础知识，重点讲解学生碰到的重难点；学生进入再设计阶段，及时应用所学的知识
学生	被动的，学生必须自己整合知识，发展自己原有的想法	主动的设计者，并与其他人相互交流、积极协作

① 李璐. 设计型学习在初中信息技术教学中的应用研究. 温州大学硕士学位论文，2010.

续表

教学要素	传统教学	设计型学习方式
教学效果	很多学生对“整合”阶段不予理解，因为信息知识与他们的生活没有联系	经过一段时间，学生学会了处理更加复杂的组织和社会关系。他们学会把自己的想法通过模型或图表展示出来，并且去评价、证明和完善其对一个概念的思考
	一年后学生忘记了50%的所学知识，两年后忘记了80%	学生的技能——在语言、阅读、计算和其他课程中明显提高，尤其是对那些低水平的学生，包括那些学习困难的学生

经实验证明，DBL 可帮助学生掌握某些领域中及日常生活中的知识和社会技能，包括：批判性思维，提出深思熟虑的问题；独立地确定相关信息；为满足特定需要创造性地利用信息；测试某个想法的有效性；从错误中学习，并提出新的解决策略；与他人民主决策、协同工作，帮助学生为应对成人生活中持续发生的变化做准备。DBL 被证明在以下方面效果明显：教授 k12 中的关键概念；提高考试成绩；唤起所有能力水平学生的投入；在基于标准的课堂中，能引导学生对基本主题、概念和原则做准备；在没有任何特殊设备的支持下，课程依旧生动有效。

客观地说，Nelson 发起的设计型学习是迄今最有影响的通识教育中的设计类学习案例。项目的意义与局限并存，具体说来表现在以下几点：①提出简洁、科学和可行的操作流程，“逆向思维”学习圈，言简意赅地标识出设计的核心要素：功能、标准与结构，指明了学习者的活动流程。②希望学生创造出“从未见过的……”作品，本质是对学习者提出的第一层次创造力的发展要求，这说明 Nelson 已经敏锐地认识到设计型学习对于创造力发展的促进潜力，但对于创造力的高级层次未做说明和要求，使得“逆向思维”模型对创造力发展的作用只能停留在初级层面。③真实的、定义不良的问题，对唤起学生投入、提高学习兴趣、估计重新界定问题、提出质疑等作用明显。④教授传统课程环节的出现，可以帮助学生在短时间内掌握系统知识，可提高教学的效率，但相对而言，此环节的主动权仍为教师把控，学生主动探究的机会较少。⑤通过角色扮演，增强学习者的服务与责任意识，明确了未来人工制品功能的价值取向，帮助学习者从他人角度去寻找创造的生长点。⑥从课程中选择问题与教授传统课程又将学生的活动嫁接于教师的教学活动当中。它与其说是学习活动指导，不如说是一个教学设计指南。

4.3　Kolodner 的设计型学习

4.3.1　模型简介

Kolodner 是美国佐治亚理工学院计算机学院的教授，国际学习科学学会（ISLS）的前执行官，并且担任了《学习科学杂志》（*The Journal of the Learning Sciences*）的总编。她领衔主持的设计型学习项目已经在实践中取得了丰硕的成果，她所总结的设计及设计型学习的运作原理，为我们进行设计型学习的教学设计提供了指导依据。

Kolodner 认为 LBD 包括两个循环圈①：一个是设计/问题解决/再设计循环圈，另一个是调查/探究循环圈（图 4-3）。设计挑战将有助于催生设计子目标及学习子目标，当学生明确完成任务（需要做）所需掌握的新知识后，主动进入调查/探究循环圈（需要知道）；当学习目标达成后，活动将转移至应对设计挑战（需要做）。需要做和需要知道本质上是学习者感知特定环境中的问题，并受到特定社会、文化或智力的价值所驱动，将问题确立为自己必须加以应对的挑战，应对这种挑战，就需要学习者开展下一步的设计行动②。"做"与"知道"之间存在着密切的相关性，而且在结构不良的问题解决过程中，学习者会反复地在这两者之间展开设计行动。LBD "设计-探究循环"理论提出了课堂教学活动结构和

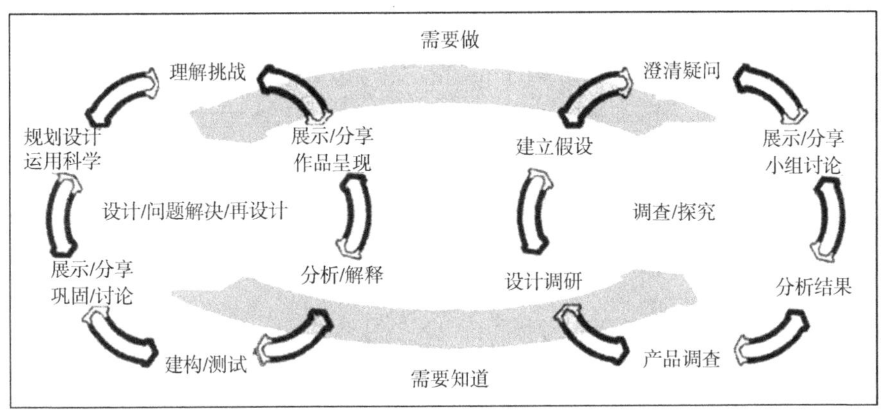

图 4-3　两个循环圈

① Kolodner J L. Facilitating the learning of design practices: Lessons learned from an inquiry into science education. Journal of Industrial Teacher Education，2002，39（3）：9-40.

② 李璐. 设计型学习在初中信息技术教学中的应用研究. 温州大学硕士学位论文，2010.

序列，可帮助教师管理年轻的设计者班级，促使学生进行高效反思，彼此提供脚手架，并从所投入的活动中获得创新体验。

Kolodner 认为迭代设计与基于案例的推理是设计型学习的基本原理。Wills 和 Kolodner 认为完整设计过程由已有经验、外部观察、不断变化的设计规范、设计替代品四个因素彼此作用构成（图 4-4）①。作用过程集成了以下环节：设计规范的解释与重构，迭代评估，设计替代品的产生、解释及重构。设计者首先从已有经验出发，考虑原有类似问题的解决方案及它们适用于新情境的可能性，当借助外部力量提出设计替代品（新的解决方案）后，设计者不断地追问与评估，并在此过程中推导出新的标准及约束条件，之后重新修订设计替代品，产生新的替代品评价标准。因此，设计就是一个“评估-确定新规范-形成新替代品”往复迭代的过程。在设计型学习中，学习者应明确设计的标准与约束条件，并在迭代评估中加以利用；学习者需明晰如何、何时产生新设计的解决方案，尤其是如何利用案例及先前经验；学习者还应明了如何利用评估结果来阐述及重构设计替代品、如何鉴定设计替代品的优劣等。

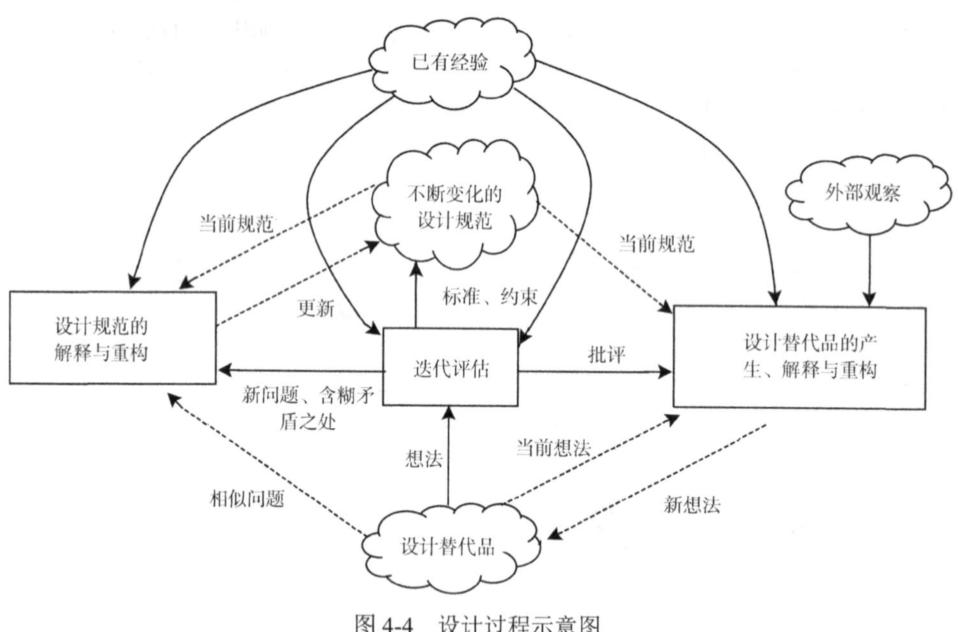

图 4-4　设计过程示意图

① Wills L M，Kolodner J L. Towards More Creative Case-Based Design Systems. International Conference on Autonomous Agents and Artificial Intelligenceeattle.Washington，1994.

Kolodner 认为，基于案例的推理（case-based reasoning，CBR）是从已有经验中提取类似问题方案的过程，是一种类比推理的问题解决方式，其基本假设是，相似的问题具有相似的解决方案，因此可以利用过去的案例协助解决新的问题。案例是一些真实世界事件的解释，可以充当重构设计替代品的脚手架，提供在新情境下继续推进、克服共同障碍等方面的建议，也可用来指导评估（特别是用于识别新的评价标准）、寻找决策证据和预测新方案效果等①。CBR 包含了检索、复用、调整、适用和保留等认知环节，它不仅可以提供问题解决方案的建议，也能为评估问题情况（解释任务）提供情境②。因此，教师有必要在组织设计型学习时为学生提供相应的案例库，并在不同时间分配学生阅读和应用特定案例，使班级讨论聚焦在案例所提供的理念、策略、评估标准上，帮助学生掌握利用案例发展创新推理的技能。

4.3.2 实施案例

“可持续发展”课程是 Kolodner 主持设计的美国亚特兰大市城市高中的设计型课程。在专业领域中，“可持续发展”的主题整合了生态学、环境科学、经济学、社会学、政治方面的知识，对高中生而言，提出解决“可持续发展”问题的方案，就是要求他们整合所掌握的知识、拿出最佳的解决方案。其构建原则如下：①要求学生解决他们所处社区环境的问题。②在解决问题的过程中，学生以小组、班级的形式展开工作，他们可与环境问题专家、对此感兴趣的异地学生互动。③学生按照 LBD 循环圈的序列完成自己的设计任务。④提供大量共享时机，学生借以讨论所遇障碍、克服约束的最佳方案、他们推理中的长处和短处。⑤学生确定他们所需要学习的学科内容，推理作为其中很自然的一部分存在，学习的学科内容被融入课堂活动当中。“可持续发展”课程内容详见表 4-3，该表描述了该课程的实施过程及每个步骤的设计依据③。整个课程贯穿了设计与探究的循环，在设计过程中又镶嵌“评估-新规范-新替代品”的流程，案例作为探究及设计的脚手架适时出现或隐退。

① Kolodner J L. Case-Based Reasoning. San Mateo，CA：Morgan Kaufmann Publishers，1993：85.

② Leake D B. Case-Based Reasoning：Experiences，Lessons And Future Direction. Menlo Park，CA：AAAI Press/MIT Press，1996：107.

③ Lee C S，Kolodner J L. Scaffolding students’ development of creative design skills：A curriculum reference model. Educational Technology and Society，2011，14（1）：3-15.

表 4-3　美国高中“可持续发展”课例分析

步骤	描述	依据
1	介绍任务背景（“可持续发展”的概念、学生所处社区的环境问题）：运用“可持续发展”概念及世界其他地方的成功经验来完成亚特兰大可持续发展的项目——“一贯作业项目”。学生们逐步了解可持续发展的重要性及地方环境问题的后果	营造真实的、有直接关联的情境
	策略：①观看奥巴马总统的就职演说视频。②清晰陈述“可持续发展”概念及利益相关者的角色	
2	介绍本地和其他地方的组织是如何应对该类任务的，介绍“城市规划”概念	明确任务标准
	策略：确定合适“一贯作业项目”的评估标准和约束条件（它们在后续活动中会被添加、删除、修改）	
3	明确城市规划对可持续发展而言多么重要	CBR及LBD的设计-探究循环
	策略：①调查和探究城市规划是什么；借助城市规划原则及华盛顿地区的一个案例，为亚特兰大的流域管理部门设计一份解决潜在问题的方案。②设计/产生可能的备选方案；评估方案的可行性和趣味性；权衡排名前三的解决方案。③找到克服约束的办法（例如，通过伙伴关系可以募集资金，缺之则不可；帮助学生认识到伙伴关系意义重大）	
4	评估设计替代品的质量如何	“评估-新规范-新替代品”的迭代设计
	策略：①学生讨论如何选择和理解不同利益相关者所持的多元观点，并借助它们帮助自己克服所面临的约束条件。②利用步骤3中介绍的LBD调查和探究循环，在法律允许的范围内重新设计、修订他们的初始方案。③重新设计，在白板交流中声明修订理由。④廊间对话，细化子目标（如有必要）和修改设计，确定和详述他们下一步所需做的调查	
5	更深入讨论其他成功案例的经验；继续评估和调整自己的解决方案	CBR 及迭代设计
	策略：①研究和探索2个更长的成功案例：博尔德和波兰的案例。②通过设计和重新设计进行迭代循环，重复步骤3和4	
6	学习者本人如何为他所在的社区做贡献——明确在推进新方案中自己所扮演的角色	LBD 及迭代设计
	策略：①运用3D建模工具，学生为自己的社区评估、创建/设计公园。②调查、探究、设计和重新设计问题解决方案	

教学设计是一门探讨最优教学方法的科学，它旨在为人们的学习与发展提供清晰指南。设计型学习的教学设计分为教学前、教学中和教学后三个阶段，Kolodner 借用 ADDIE（analysis、design、develop、implement、evaluate）教学设计模式提示的分析、设计、开发、实施和评估流程，结合“可持续发展”课例提供的线索，概括了以下教学设计模型（表 4-4）：教学前包括分析相关背景、设计学习策略、开发学习材料（搭建不同的平台：面对面学习、混合学习、虚拟学习）；教学中则进行教学实施；教学后则评价总结学习成果。

表 4-4　设计型学习的教学设计模型

<table>
<tr><td colspan="5">主题：</td></tr>
<tr><td colspan="5">目标：</td></tr>
<tr><td rowspan="4">教学前</td><td>分析</td><td colspan="3">相关背景：
①国家课程标准
②学生需求（之前及未来知识）
③学生所处社区环境（挑战的动机）
④其他特点（教室类型等）</td></tr>
<tr><td rowspan="2">设计</td><td colspan="2">批判性思维（设计-探究循环及迭代设计）</td><td>创新思维（基于案例的推理）</td></tr>
<tr><td>调查和探究：
帮助学生明确
①相关问题
②含混之处
③矛盾之处</td><td>设计与再设计：
帮助学生明确
①评估标准及约束
②利益相关者</td><td>从案例中学习
①设计方案以克服约束条件
②CBR 带来的引导性问题</td></tr>
<tr><td>开发</td><td colspan="3">多媒体学习材料</td></tr>
<tr><td>教学中</td><td>实施</td><td colspan="3">教室或虚拟学习环境</td></tr>
<tr><td>教学后</td><td>评估</td><td colspan="3">目标是否达成？学生是否全身心投入？创新设计结果如何？
学生从创新设计过程中学习到了什么？</td></tr>
</table>

在教学前的分析环节，相关背景的分析聚焦在国家课程标准、学生需求等，这将强调学生与所处环境的关系，并加强目标与计划的情境性联系，使得任务更加有意义。建立目标与计划的联系还将强化知识建构时“结果-策略”的分类学关系，就推广设计型学习方法而言，其好处在于更容易将教学计划情景化、更容易（而且更快）导航至相关策略。

设计阶段着重培养学生的批判性思维技能，即学生需要学习鉴别与他们的目标、子目标相关的问题，随后识别并解决歧义和矛盾。这些学习活动是迭代的和协作的，学生以小组形式工作，全班同学不断地进行交互。然而，多次迭代可能会占用大量的课堂时间，有时不易操作。因此，教师首先可以通过案例识别约束条件及可能奏效的应对方式，提示学生确定合适的评价标准。在学生迭代设计的进程中，案例脚手架可以逐步隐退，使学生能独立利用自己的创造力解决问题。为适应不同的环境背景，可按“元参考模型-个人教室模型”的思路，根据不同的环境、社会经济和法律环境改变相应的学习策略。在更高级的和更个性化的层面上，可依据学生的知识状态（掌握水平）、学习风格定制个性化的学习策略和技巧。

当学生在反思和评价他们的学习进程时，形成性评价对促进创新思维能力十分有益，它将使学生意识到学习过程比创新结果更重要。因此，他们不应急于快速得出一个结果，或在学习过程中过早地反驳设计替代品，如果做到这点，最后将得到更好的解决方案。随后，总结性评价将关注整个进程、每次迭代中的创新作品、最终的作品。

此外，LBD 项目里有多种工具支持学生的学习。比如，SMILE 是一套系统工具，其中的每一种工具都可为学生在项目探究活动中获得某类经验提供提示，它可以帮助学生在设计、探究和调查过程中对自己的体验进行反思，并且帮助学生梳理自己的思路，为他们提供提示，帮助他们更加完整、清晰地展示成果。SMILE 的核心区是设计讨论区，为学生记录实验结果提供帮助，其中 Pin-Ups 可帮助学生运用调查结果设计最佳解决方案，它为学生提供了一个模板，学生可以在模板中列出设计决策、进行决策的论证以及提供支持决策的科学原理。Galley Walk 工具则为学生自我反思提供支持。所有的工具都是为了让学生在分享各自体验时能有机会主动思考他们在不同情境中所学到的学科概念，同时，他们在自己解决问题时能够应用同伴所分享的类似问题的解决经验。SMILE 中的每一部分都设有“脚手架”，帮助学生反思和报告他们的体验，促进学生掌握科学的研究方法。

4.3.3 效果评析

LBD 项目的意义在于，①借鉴了学习科学、设计科学、认知科学的相关研究成果，加深了对设计作用的认识与挖掘。基于案例的推理、迭代设计等理念，不仅在学理上解释了设计型学习的科学原理，更在实践上探求了有效的实施路径，因此，在此意义上我们可以说，LBD 超越了 DBL 在操作层面的成功。②LBD项目突破了学科的界限，强调跨学科学习、综合学习，力图帮助学习者达成对科学、社会与人文的统一认识[①]。同时，真实且定义不良问题也给重新界定问题、质疑假设等提供了充分条件，强化了学习者的服务与责任意识。③迭代设计—探究给了设计创造充分的时间，对容忍模糊、克服限制、帮助学习者接受延迟满足都有所促进。④LBD 项目借助现代教育技术手段，跨越了地域限制，实现了不同共同体之间的交流与协作。

然而，其局限在于：①“基于案例的推理”在对科学概念的掌握和合格人工制品的设计上而言，无疑具有显著的帮促作用，但是对于创造性思维发挥而言，案例出现的时机、频次、具体程度等都将影响最终人工制品的创造性品质。LBD 项目主持人挖掘出“基于案例推理”的积极作用，但对其消极作用未加关注，不

① 曹东云，谢利民. 一种设计型学习的教学设计框架——基于美国高中“可持续发展”的课例分析. 外国中小学教育，2012，(12)：56-60.

能不说是一种遗憾。②LBD 项目中对设计与探究关系的理解令人匪夷所思：二者是独立存在并彼此循环的吗？③ LBD 项目对设计的理解过于简单，设计远非分析/解释、构建/测试那么简单。因此，我们有必要在 LBD 项目基础上，对设计型学习做出进一步的规定性探索。

4.4 Schunn 的设计型学习

4.4.1 模型简介

设计型学习近年来在欧美 STEM 教育和社会教育中逐步成为新兴的方式。其中，美国匹兹堡大学的基于设计的科学（design-based science，简称 DBS）学习项目组则着重探讨在高中科学、数学教育中应用设计项目驱动的原理、方式与效果，具体提出了基于设计的科学教育，为我们进一步认识设计型学习在具体学科中的应用提供了参考[①]。

在此之前，许多学者对科学探究与设计的关系做出了探讨。如 Banathy 认为二者在研究对象、研究方法和价值观等方面存在很大的差异：科学探究通过控制实验、分类法、建模、分析等方法，指向自然世界，关注问题和对“客观存在”的描述，追求客观性、理性、独立性[②]。设计通过备选方案、建模、综合等方式研究人为的世界，关注问题的解决，创造“还未存在”的事物和价值系统，体现出对实践性、独创性及同理心的追求。

DBS 项目组在承认上述区别的同时，尝试在实践中建立设计与探究过程的联系。他们认为，设计过程类似于问题解决过程：确定需求和定义问题、收集信息、引入替代解决方案、选择最优的解决方案、构建原型以及评价[③]。探究过程包括观察、形成问题、规划调查，审核什么是已知的实验证据，利用工具收集、分析、解释数据，提出答案，解释，预测，结果沟通[④]。设计与科学探究过程拥有一定的交叉部分。

① University of Pittsburgh. Design based learning for STEM. http://www.lrdc.pitt.edu/ schunn/research/design.html[2013-02-06].

② Banathy B H. Comprehensive systems design in education—the prime imperative：building a design culture. Educational Technology，1992，(6)：33-35.

③ Doppelt Y. Assessing creative thinking in design-based learning. International Journal of Technology and Design Education，2009，(19)：55-65.

④ National Research Council. National Science Education Standards. Washington，DC：National Academy Press，1996：56-58.

此外，项目组还认为，尽管探究的定义如此宏大，但美国学校里大多数科学课程中的脚本式探究并不是真正意义上的探究。如 Bonnstetter 曾指出，脚本式探究中，教师设置目标、提出问题、提供材料、提供程序，与学生讨论“正确”的结果与结论。而项目组评析道，这种事先拟定的探究排除了知识与情境的复杂性，学生无法完成真正意义的创新体验。基于此，项目组开发了为时 6～8 周的中学数学、科学和技术课程单元。这些单元以工程设计过程为基本结构，提供了一个在教室里进行有意义的数学、科学学习的组织模型，帮助学生在设计人工制品过程中，学习他们需要的知识与技能。

项目组指出，利用设计进行科学学习时，重复一般性的结构化过程可以帮助学生学习和实践重要的科学知识和设计技巧。这些知识和技能将在之后更高层面的学习中得以利用，并且可以在学习之后有所迁移。他们提出了基于设计的科学学习循环模型（图 4-5）[①]。在此循环中，学习重心从设计目标转向科学目标，最后回归设计目标，在此循环中①利用设计情境，帮助学生聚焦特定的科学问题。②将科学调查与整体的设计故事相联系，以确保设计任务带来的动机激发的优势。③系统地科学调查，让学生了解核心科学概念及其支持数据的突出作用。④集成团队合作与全班讨论的优势。重复这种一般性的结构化过程，可以帮助学生学习和实践重要的科学和设计技巧，这些知识和技能将在之后更高层面的学习中用得到，并且可以在学习后有所迁移。

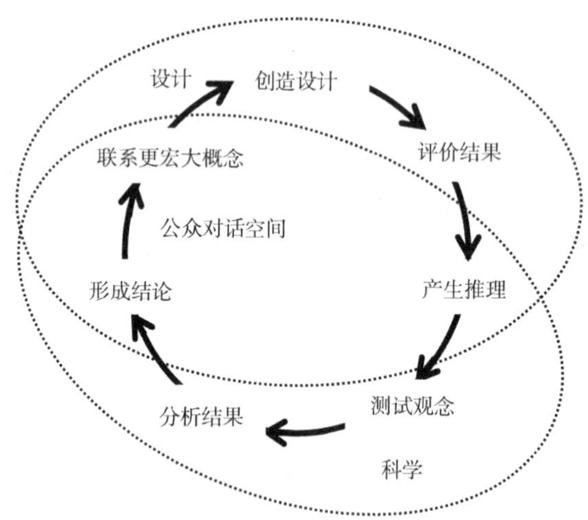

图 4-5　基于设计的科学学习循环模型

① Apedoe X S, Reynolds B, Schunn C D, et al. Bringing engineering design into high school science classrooms: The heating/cooling unit. Journal of Science Education and Technology, 2009, 17（5）: 454-465.

学习循环从“创造设计”节点开始，按顺时针顺序循环，在“联系更宏大概念”节点结束一个阶段的循环。科学及设计活动的“公共对话空间”交错而行，“公共对话空间”的活动发生在班级层面，鼓励师生、生生间的分享与讨论。学生的科学知识经讨论及修复，将帮助他们对如何利用科学知识实现设计有更深刻的认识。当学生由“创造设计”进入循环时，他们尝试拟定设计观念并付诸实践。

在“评价结果”节点，学生将观察他们的设计如何运作。在“产生推理”节点，班级将讨论他们观察到的结果所历经的推理过程。此时，学生将提出问题：我的设计是否是成功的？如果是，什么因素促使了成功？如果不是，又是什么因素导致了失败？在“测试观念”节点，学生提出并实施策略，以测试他们的推理。在“分析结果”节点，学生分析实验结果，班级讨论，并“形成结论”，最终发现一种原理、理论或趋势。最后，学生到达“联系更宏大概念”节点，此时，他们在自己的设计与提升设计绩效的关键科学概念之间建立起联系。

总之，构建学习循环模型旨在利用设计故事维持学习动机，鼓励他们聚焦在既定核心主题上，避免学生浪费时间。需明确的是，每个环节开始时都需要学生详述自己的观念和理解。教师在实施教学时应以探索学生对科学概念的解释和理解为起始点。

4.4.2　实施案例

研究者开发了一个新的学习模块——电子报警系统，模型包括目的、输入、选择解决方案、操作和评价（PISCOE 模块），见表 4-5，这些环节以非线性、同步的、可重复的或彼此通联的方式构成学习过程。我们可以把整个学习周期理解为一个“科学-设计”循环，周期中的每个子环节也可能发生“科学-设计”循环。

表 4-5　PISCOE模块

设计阶段	步骤	描述
目的	1	准备先前知识。学生初步了解电子报警系统：在哪里可以找到、它们存在的意义、它们是如何工作的，以及如何建立这样一个系统
	2	形成并记录需求。学生依据自己所处环境形成不同需求。对于每一个需求，他们可能形成不同的解决方案。尽量让所有学生都参与活动，鼓励他们提出自己的需求，或为达成别人的需求提出方案
	3	开发要求列表，这之后即成为检验成果的标准
输入	4	开发输入/输出模型。团队利用系统模型来描述他们的报警系统，明确其中的信息、能源、物质投入、积极和消极的结果
	5	开发设计制品的功能列表，以满足特定需求
	6	根据功能列表，团队创建一个可视化的子系统模型

续表

设计阶段	步骤	描述
选择解决方案	7	开发一套解决方案的矩阵。团队进一步优化与构建解决方案，且选择其中一套。要求列表选择出此时作为最优解决方案的标准
操作	8	团队对探测系统、指示系统和动力系统做出预测、测试、故障排除、改进，通过绘制草图、反思表格做记录
评价	9	呈现、反思、自我评价。结果反思：将结果与目标相对照。过程反思：利用之前的记录和电路，对创建过程中的优势及困难做出总结，对改善构造过程提出建议

（1）设计问题创建了一个将自身需求与科学概念连接的自然情境，成为促进相关学科发展的发动机。在缺少情境条件下学习抽象的科学概念，学生将很难利用这些知识解决问题[①]。真实的设计项目使学生能够结合动手做（hands-on）与动脑想（heads-in）活动。学生从设计挑战开始学习，早期的设计失败，产生继续学习科学知识的需要，通过实验和阅读获取知识，利用新的科学知识继续恢复、完成设计任务。此外，设计任务的目标应与学科内容目标相关联，太容易的任务不利于激发学生进一步调查，他们很容易对自己的作品满足。学生部分达到设计成功时，才有继续调查的动力，而成功太少，容易让学生感到沮丧。

（2）尽量提供支持设计任务的可视化模型。设计任务往往是建立在多层次抽象概念之上，这可能形成学习障碍。许多复杂的设计问题，很难以纯思维的方式去表达和解决。因此，设计师们使用各种形式的模型，将认知压力转移到更大的、部分外部化的计算系统。学生也可以以同样的方式解决认知超负荷的问题。外部模型可以通过表单列出需求与限制条件，帮助学生理解和定义问题。然而，对每个类型的模型（图、数据表、数学方程），学生需要时间来理解模型的意义，学会如何解释它。更具体的模型（图、物理原型）应结合儿童讨论的主题，给他们建立自己想法的机会。

（3）迭代设计、重复设计比单一设计效果更佳。设计是一个复杂的、迭代的过程。对学生而言，迭代过程不仅提高了解决方案的质量，更提供了能够更好地理解概念和发展技能的重要学习机会。在设计任务初期，学生往往只关注模型的表面，经常误解设计功能，难以建立概念模型和设计任务之间的联系。通过设计迭代和评估周期，模型变得更有用和更复杂，这不仅带来更优化的设计，也丰富了对设计模型功能与作用的理解。

（4）教师角色由讲授者转变为合作者与引导者。着重提供利用脚手架，而非脚本。只有学生产生对科学概念需求，并经历一定阶段的自主探究之后，教师才

① Duschl R A，Schweingruber H A，Shouse A W. Taking Science to School：Learning and Teaching Science in Grades K-8. Washington，DC：The National Academies Press，2007：145.

做出必要的解释。学习中，没有必要完成全部的设计过程，教师应帮助学生在了解广泛的科学知识基础之上，教会学生设立标准、规则等设计原则。考虑到 DBL 的成本，教师开发课程时，选择的物质材料应是经济、便捷的，尽量可重复利用。

4.4.3　效果评析

项目组在经过一系列准实验后发现，学生在 DBS 中学习到了相当于传统教学中 2 倍的科学内容，其中非裔美国人的受益更为明显，学生的兴趣、投入及责任感也有所提升①。问卷调查发现，学生认为，在学生的自主性、责任感、多种思维方式投入及脚手架的灵活性方面，DBS 优于脚本式探究。前测中的低水平团队，尽管在后测中总体分数与纸笔知识测试分数仍然较低，但在过程中却表现出更多的原创思维和更好的想法。通过设计测试关注一个变量对系统的影响、提出替代假设来解释观察到的行为、使用证据来选择相应的解释等，DBS 使学生的科学推理能力得到显著提升②。

设计体现出不同的思维方式，引导学生思考需求、要求、选择、确定标准，其中包括生成思维和分析思维；考虑系统参数，如材料、能源和信息输入和输出，则包括了分析思维和综合思维；考虑备选方案和选择一个设计，涉及评价思维。让学生模仿设计过程建构自己的想法，解决方案和产品并不重要，教会他们正确记录和反思才是主要的教育目标；DBS 鼓励学生内化设计原则，在新情境中以他们自己的方式修改过程，在设计项目中展示创造性思维。同时，DBS 是一种协作学习，其中学生可以学会交流技能、呈现技能及问题求解技能。

可以说，DBS 是对 LBD 项目的拓展与修订。DBS 将 LBD 项目中的“设计”与“探究”彼此独立的关系做了调整，认为二者存在交错部分，这是在认识论意义上的进步。可是，该项目的重点在于提高学生对科学学习的投入、科学概念的掌握与科学推理能力的提升，尽管意识到设计对于评价、创造的意义，但无论在理念还是在操作上，仍有进一步挖掘的空间。

综观已有的典型设计型学习研究，在模型建构方面，仍有需要进一步拓展之处。首先，需要更为明晰设计型学习的针对性目的。尽管目的与手段之间存在着一对多和多对一的关系，但作为一种区别于传统的新型学习方式，它所具备的与众不同的优越性、针对性的适用范围需要进一步廓清。已有研究大多认为，设计型学习在维持学习动机及提升学习者创造力、实践力、协作力等方面具有突出优

① Doppelt Y，Mehalik M M，Schunn C D，et al. Engagement and achievements：A case study of design-based learning in a science context. Journal of Technology Education，2008，19 （2）：22-39.

② University of Pittsburgh. Design based learning for STEM. http：//www.lrdc.pitt.edu/schunn/research/design.html[2013-02-06].

势。但就笔者看来，在众多效果中，其优势分布未必是均衡的，创造力应为其核心效果之一。是否能够以提升创造力为目的，进而完善和细化其中的相应学习环节？已有的研究较为零散，未能给出明晰答案。

其次，“设计”作为一种认识和改造世界的特殊手段，具有与“学习”相通的共同属性，但是它也具备与一般学习相区别之处：指向独特、新颖、有价值的设计产品。设计思维与一般学习思维应存在差异，设计认知较之一般学习认知也应有所区别。但是目前已有研究，多从一般学习认知的层面推导设计型学习行为层面的流程，对其中“设计”活动及设计认知的特殊属性未做探讨，因此，某些设计型学习模型的流程形似更为宽泛的“基于项目的学习”“基于任务的学习”。基于此，笔者认为，有必要从设计、设计认知以及设计创造的角度精致化已有的设计型学习模型。

最后，一定的理论基础与实践应用是模型建构的前提。国外已有设计型学习模型，建立在国外一定范围的实践基础之上。尽管我们承认，模型中具有一般的、普适性意义的部分，然而，研究样本的差异、研究情境的不同、背景文化的差别都提示我们不能照搬全抄国外的模型。如就思维方式而言，中国传统思维方式具有模糊性、中庸性、趋同性、封闭性等特点[①]。就实施背景而言，国内基础教育课程设置壁垒严密，课程形态较为固定等，这些具体条件都需要我们正视。明确问题是解决问题的基础，未来我们需要探讨在中国基础教育语境下，在创客教育的背景下，指向创造力培养的、突显设计活动特色的设计型学习理论与实践路径。

① 刘彦生. 西方创新思维方式论. 天津：天津大学出版社，2007：278-297.

第 5 章　指向创造力发展的设计型学习模型构建

5.1　思路与方法

如前所述，已有的较成熟的设计型学习注重设计与科学探究的联系，突出设计活动对增进科学知识的贡献，其中展现的学习流程为我们发掘该学习类型对创造力发展的意义提供了实践参考。同时，认知科学、心理学、设计科学等领域的研究成果使我们更加深入地认识了创造力与设计的内涵、设计型学习与创造力发展的关系，这为我们建构指向创造力发展的设计型学习模型提供了理论依据。

5.1.1　表达层次

将模型用作研究客体的一种手段，这是人类在认识世界和塑造世界的实践中的一大创造。模型是人们按照科学研究的特定目的，在一定的假设条件下，用物质形式或思维形式再现客体的某种本质特征，诸如关于客体的某种结构（整体的或部分的）、功能、属性、关系、过程等[①]。通过对这种科学模型的研究，人们可以推知客体的某种性质或规律，即它具有以下三个特点：①是现实世界一部分的模仿和抽象；②由那些与分析问题有关的因素构成；③体现了相关因素之间的关系。模型与现实客观事物相比，其优点是简单、直观、经济、便于操作和试验、运转周期短。

国内教育学领域多用“模式”一词指称“模型”。有学者认为“模式”是“模型”拓展的产物，并认为可以通过演绎和归纳两种方法来建构模型：演绎法指从一种科学理论假设出发推演出模型，然后用严密的实验证实其有效性，它的起点是科学理论假设，形成的思维过程是演绎。归纳法是指从经验中总结归纳出来，其起点是经验，形成的过程是归纳[②]。

① 孙小礼. 模型：现代科学的核心方法（一）——天然模型和人工模型. 学习时报，2007-08-27（7）.

② 吴也显. 试析教学模式的研究. 课程・教材・教法，1992，（4）：19-23.

本书采用演绎法构建指向创造力发展的设计型学习模型。需要说明的是，任何看似寻常的行为背后都蕴含着行为主体所认同的价值观与认识观；任何科学合理的结构化行为也都体现着该结构的本体论、认识论与方法论。同样，任何一种类型的学习模型，也应该存在“道”与“器”等不同层面的表达。然而，我们该如何确定这种表达的层次？随性而为、信手拈来的分层将在某种程度上损伤研究的信度和效度。本书将借助活动理论确定指向创造力发展的设计型学习模型的表达层次。

活动理论是“一种重在把活动系统作为分析单位的社会文化分析模式”，是一个研究不同形式人类活动的哲学和跨学科理论模型，至今历经了三代的发展[①]。第一代活动理论以苏联维果茨基的“中介说”为代表，该理论认为在人类行为的刺激和反应之间存在一个中介，中介即工具，可分为心理工具、物质工具。第二代活动理论以苏联列昂捷夫的“层次说”为代表，他认为活动可分为三个层：“活动—行动—操作”[②]。活动处于结构中的最高层；行动处于中间层，是由一系列操作构成的单元；操作处于最低层，是最小的动作单位。第三代活动理论以芬兰学者恩格斯托姆（Engestrom）的“要素说”为代表，他分析了构成活动的互动要素，增加了对活动之间交互性的认识（图 5-1）[③]。他认为活动系统包含主体、客体、共同体、工具、规则和分工这些互动要素。其中，主体是活动中的个体或小组，活动依照他们的意愿展开；客体是主体操作的对象，所有的活动都以客体为导向，把客体转换成结果的过程表现了活动的目的和意图；共同体由若干个体和小组构成，他们是一定意义上的利益相关者，共享着客体并自我建构以区别于其他共同体；工具是活动主体作用于客体的手段，包括在将客体转化为结

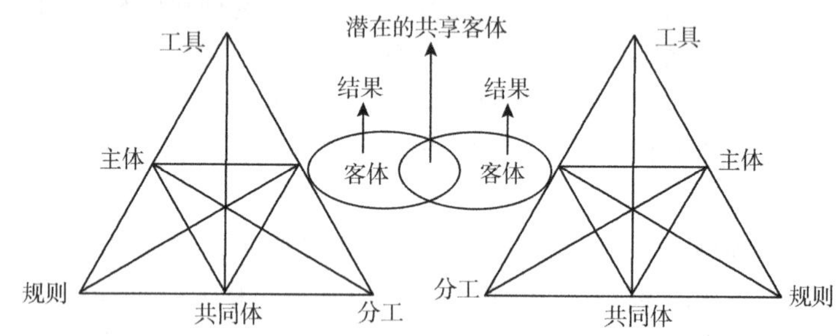

图 5-1　第三代活动理论模型

① 戴维·H. 乔纳森. 学习环境的理论基础. 郑太年，任友群，译. 上海：华东师范大学出版社，2002：84-112.

② 阿·尼·列昂捷夫. 活动　意识　个性. 李沂，冀刚，徐世京，等译. 上海：上海译文出版社，1980：73-74.

③ Engestrom Y，Young M. Expansive learning at work：Toward an activity theoretical reconceptualization. Journal of Education and Work，2001，14（1）：133-156.

果的过程中所用到的所有事物，可以是物质工具或心理工具；规则是对系统活动进行约束的法律、政策、规定、潜在的社会规范、标准和共同体成员之间的关系，它描述了共同体运作的信念；分工是共同体内合作成员横向的任务分配和纵向的权力与地位的分配。Engestrom 还强调了活动与活动的相互联系，增加了对活动的开放性与活动之间的交互性的认识。

维果茨基的“中介说”提示我们，借助一定的工具达成对客观世界的认识与改造，这与之后发展起来的分布认知说有相似之处，即强调工具之于个体及共同体的认知意义，物质工具在某种程度上可辅助心理工具功能的实现，承载了一部分的认知内容。其理论启示我们在选择设计型学习的学习工具时，不仅应区别工具的类型，即物质工具和心理工具，更应考察其具体的中介效应。

列昂捷夫的“层次说”从中观到微观描述了活动的层次。其层次划分的思路提示我们，在分析具体活动时应选择恰当的层次依据，即由抽象到具体。如果说，我们在描述活动的下位概念时可以途经中观到微观的路径，那么推导活动的上位概念时，是否应遵循由宏观到中观、由抽象到具体的次序？此外，Rose 在构建创造过程模型时，按由内到外的标准，从“孕育”“思维”“行动”“成就”“实现”五个层面加以描述，本书将借鉴、改造其中的“思维”与“行动”的划分思路①。基于此，本书确定由“原理”层、“思维”层及“活动”层，由抽象到具体、由内而外地推导指向创造力发展的设计型学习的活动模型。同时依据 Engestrom 的“要素说”，从“目的”“主体”“对象”“工具”与“规则”角度描述设计型学习的活动。

5.1.2　构建方法

首先，本书第 2 章界定了创造力与设计型学习的内涵，第 3 章分析了设计型学习与创造力发展之间的关系，第 4 章讨论了已有设计型学习的可取之处与不足之处，本章将在此基础上，推导和描述指向创造力发展的设计型学习模型的原理与思维形式。

其次，模型活动层的“规则”中所描述的环节，是模型的核心部分。它的特殊构成及功能，将其区别于其他已有的活动模型。在第 4 章案例研究的基础上，本章利用文献法归纳了已有研究当中对活动环节的所有描述，删除重复内容，补充未完善内容，并拓展了某些之前含混的环节，初步确定 8 个环节：“共情”“界定”“构思”“原型”“测试”“分析”“结论”“宏大观点”，并对各环节做

① Rose L H. A model of the creative process based on quantum physics and vedic science. Journal of Creative Behavior，1988，22（2）：139-153.

出相应描述。随后，围绕此项内容展开专家访谈。所选择的 4 位专家，均为国内课程与教学研究领域的教授。4 位学者对 8 个环节做出评价与补充，如“对环节的描述应该具体、易懂”“科学探究环节的描述不够规范”等。依据专家意见，调整已有环节，形成“共情”“界定”“构思”“原型”“测试”“假设”“验证”“分析”“交流”9 个环节。图 5-2 显示了指向创造力发展的设计型学习模型的层次构成。

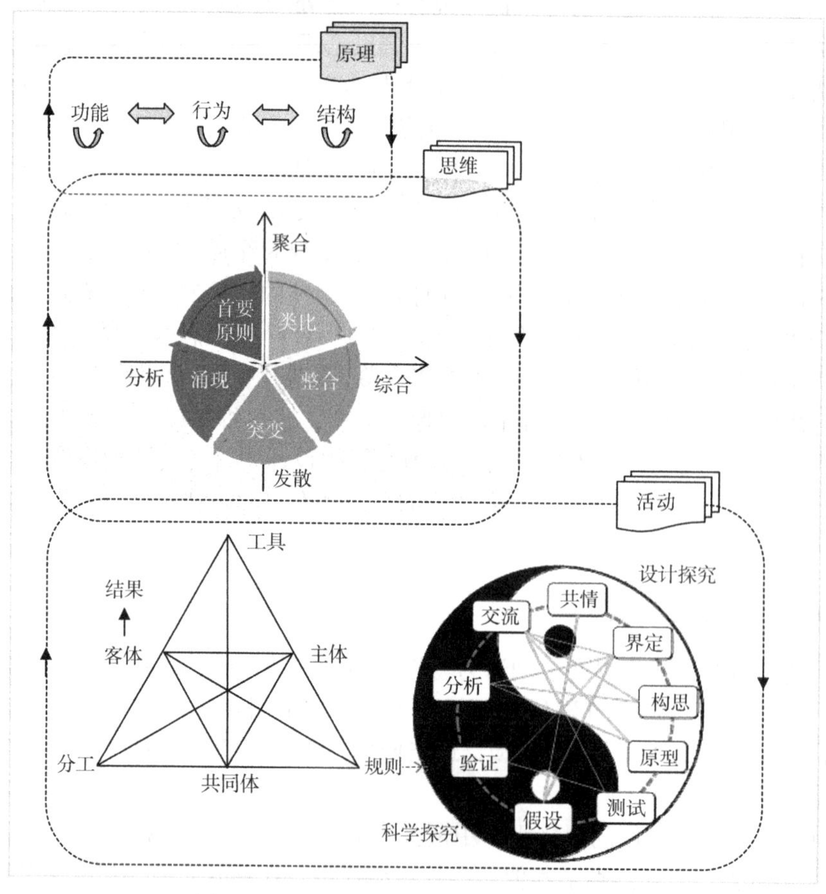

图 5-2 指向创造力发展的设计型学习模型

此外，考虑到学校教育环境是设计型学习实施的主要场所，教师在引导学生开展设计型学习时，需要系统且合理的规划。因此，本章第 3 节将围绕构建的模型，提出相应的教学设计策略，以期为一线教师提供实践参考。

5.2 模型建构

我们在已有研究的基础上，从原理、思维和活动三个层面，建构指向创造力发展的设计型学习模型。

5.2.1 原理

本书采纳舍恩的观点，将设计历程看作设计者与情境材料之间进行的对话，设计是“人类为改进现实，通过对情境材料的反思，对人为世界的功能、标准与结构进行主动探究的活动”[①]。设计者可以按照他原本对情境的看法创造这个情境，而这个情境也会“回话”给他，他再对情境的回话做出反应。设计者在回应情境的回话时，同时对这个问题的结构、行动的策略或现象模式进行“行动中的反应”，从原先的“如果—那么”的假设，转变成决定性的立场；设计者将从单独性的逐步涉入，转变成整体性的考虑，并从探索转变成下结论。

设计的过程显得十分复杂。设计者通常在特殊的情境下工作，利用特定的材料，采用特殊的媒介和语言。设计者制作人工制品时，这种制品有时是以 3D 形式表现的成品，但更多的时候，设计者制作的是人工制品的一个表征，如一份计划、方案、模型，然后交给他人来建造实现；影响设计结果的变量很多，存在各式各样的准则与方法。此外，舍恩还指出学习设计时常遇到的一种悖论，即学习者无法在进行真正意义的设计之前，领会他试图学习的东西的意义与策略[②]，而克服这种悖论的唯一方法，就是在行动的过程中展示对设计的理解。具体而言：①对设计的描述性知识与行动中知识的差距，必须通过行动中的反应加以弥补；②必须通过行动中的体验，从整体上把握设计；③设计依赖于对设计特点的识别，而这种能力必须在行动中获得；④学习者在设计过程中遇到的困惑与不确定，只有在行动中才能暴露出来，进而促发正确理解和错误理解间的对话；⑤设计是一个创造性的过程，只有在行动中，学习者才可能用全新的方法观察和操作，任何预先的描述都无法代替做中学。

如果设计历程是设计者对情境的反应思考，那么这种情境多以怎样的形式出现？换句话说，设计者反应思考的具体对象是什么？Gero 的 FBS 设计原理为我们回答这个问题提供了思路，我们认为，设计是设计者围绕预期人工制品的功

① 唐纳德·A. 舍恩. 反映的实践者——专业工作者如何在行动中思考. 夏林清，译. 北京：教育科学出版社，2007：79.

② 唐纳德·A. 舍恩. 反映的实践者——专业工作者如何在行动中思考. 夏林清，译. 北京：教育科学出版社，2007：88.

能、行为、结构，对情境材料进行的反思。在此，我们把功能、行为与结构称为“情境空间”。在外部世界、阐释世界和期望世界的交互之间，设计者的个体认知结构、对外部世界的回应方式都可能发生不同程度的改变，如果所设计人工制品的功能、行为或结构任一空间发生重构的话，我们视为发生了创造性设计。重构影响着各空间的变量和阈值。根据此定义，各空间的变量和阈值未发生重构的，则不视为发生创造。

正常情况下，空间调整可能涉及之前不存在的新知识，从而导致创新或创造性设计。借用创造研究中的术语，Gero 扩展了博登的 p 创造力（心理创造力）、h 创造力（历史创造力），增加了 s 创造力（情境创造力）的概念。s 创造力指在设计历程中与情境相关的创造。如果一个设计是设计历程所处的世界发生改变带来的结果，则视为发生了 s 创造，p 创造力、h 创造力必须涉及 s 创造力。以此类推，p 创造力设计、h 创造力设计也离不开 s 创造力设计。

具体而言，人工制品的功能十分繁杂，对其进行分类的标准也同样很多，常见的分为物质功能、精神功能两类（图 5-3）。生活中常见的功能创造的例子有，利用两根木棍的组合可以夹取食物、手机兼有闹钟功能等。对行为（或称为“标

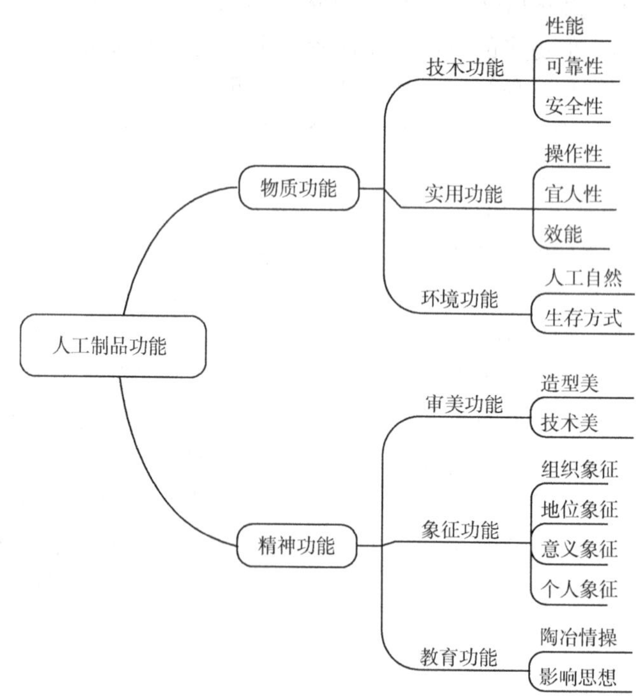

图 5-3　人工制品功能分类

准”）的创造，取决于功能的要求，即实现既定功能需要结构所达成的怎样的行为。例如，对钢笔“写字”这一功能，需要的行为可能是出水流畅、不能漏水、不能划破纸等。而结构则围绕行为，在要素、关系、顺序、材质、形状、颜色等方面构成变化。

5.2.2　思维方式与技法

1. 思维方式

目前学界对创造思维方式的类型描述较多，因本书的重点在于发掘设计对创造力的路径，而非创造思维（创造力的核心条件）的构成要素，因此，以下仅介绍学界对创造思维较经典的描述：发散思维和聚合思维；分析思维与综合思维。

1）发散思维和聚合思维

美国心理学家吉尔福特在智力结构的“三维模型”中，明确提出创造力发展所需的两种典型的思维形式：发散思维和聚合思维[①]。发散思维，又称扩散思维、求异思维、辐射思维，指从已知信息中产生大量变化的、具有独特信息的一种沿着不同方向、在不同范围、不因循传统的思维方式。其典型特征有：①流畅性，即心理活动流畅少阻，在短时间内表达较多的观点和设想。②变通性，即思维变化多端，能举一反三，触类旁通，能多角度、多方向思考问题，不受思维定式的束缚。③独创性，即对事物有超乎寻常的独特见解。发散式思维是创造性思维特征的核心内容，其价值在于能够寻找更多的可能性，维持思维的开放性。

聚合思维，又称收敛思维、求同思维、集中思维，指从已有信息中产生逻辑结论，从现成资料中寻求正确答案的一种有方向、有条理的思维方式。通过发散思维所获得的一系列方案、因素和信息并不都是可行的，并不能有效地获得所需的目标信息，因为最终只需要少数或唯一的思维结果。此时，需要将发散得来的各种组合集中起来，在这些方案、设想和因素中选择、组合出最佳方案，此时运用的思维即为聚合思维。当人们需要从众多可能性的结果中迅速做出判断、得出结论时，聚合思维是最重要的。

发散思维和聚合思维在设计创造过程中不可偏废其一。只注重聚合而忽略发散，可能会造成思维的呆板与狭隘；夸大发散而轻视聚合，将使得思维的产物任意性过大，陷入无序状态，导致可行性欠缺。邱章乐等总结出，“发”是“同中求异”，“聚”是“异中求同”，应注重两种思维的功能互补[②]。事实上，在设

---

① 吉尔福特. 创造性才能：它们的性质、用途与培养. 施良方，沈剑平，唐晓杰，译. 北京：人民教育出版社，1991：3.

② 邱章乐，鲁峰，汪明. 创造心理学. 合肥：合肥工业大学出版社，2011：87-90.

计创造过程的不同阶段，所侧重的思维形式也不同，一方面，主体的思路沿着不同的通路发散；另一方面，通过聚合—发散—聚合的多次循环，应按照一定的逻辑规律，以最佳的方式解决问题。

2）分析思维与综合思维

分析思维与综合思维是在认识中把整体分解为部分和把部分重新结合为整体的过程和方法。分析是把事物分解为各个部分、侧面、属性分别加以研究，是认识事物整体的必要阶段。综合是把事物的各个部分、侧面、属性按内在联系有机地统一为整体，以此掌握事物的本质和规律。分析与综合是互相渗透和转化的，在分析基础上综合，在综合指导下分析。分析与综合，循环往复，推动认识的深化和发展。Owen 描述设计过程时指出，分析思维在设计的背景及洞察阶段应用较多，而综合思维在构思与原型阶段较为常见（图 5-4）[①]。

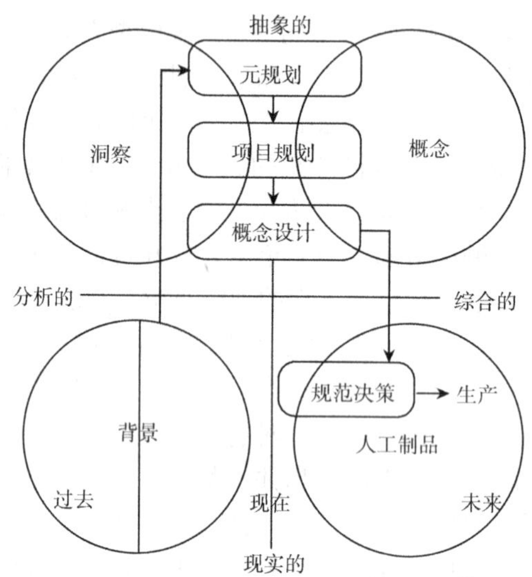

图 5-4　分析思维与综合思维在设计中的分布

Nelson 和 Stolterman 在讨论设计的首要原则时指出设计策略包含两大类认知成分，一种是设计判断所诉求的想象、直觉、情感、本能等，另一种则关涉推理、分析和综合思维[②]。分析思维以将整体划分为局部的方法，在人类预测与控制外部世界的过程中发挥着巨大的效用。但是，分析方法包含的还原论倾向，

① Owen C. Structured planning in design：Information-age tools for product development. Design Issues，2001，17（1）：27-43.

② Nelson H G，Stolterman E. The Design Way：Intentional Change in an Unpredictable World. Cambridge，Massachusetts：The MIT Press，2012：12-13.

使得它在面对复杂世界时捉襟见肘。相对而言，设计型学习中的创造的过程更加诉求于综合思维和系统思维。

2. 思维技法

创造性思维是创造力的核心构成要素。从知识发现的角度来看，创造性思维主要描述的是探索和发现客观事物之间新的联系，并通过新的方式来概括和反映这些联系的思维过程。Gero、Cross 等整合认知心理学理论，归纳了设计中创造性思维的几种典型的类型，主要包括首要原则、类比、整合、突变和涌现[①②]。当然，还存在其他类型的过程，它们都可视为上述 5 种类型的拆分或组合。以下将具体分析各类设计创造思维的特点和方法。

1）首要原则

首要原则设计认为，可以溯因式地利用因果的、质性及计算语言（而非汇编式语言），以建立功能与行为、行为与结构之间的链接（图 5-5）。首要原则设计体现的是任何一种设计所必备的核心思想，它建立在以下理论假设之上：在方案的设计创造前已经明确了设计问题，并且在设计的过程中不会改变；在设计过程中能依靠“科学的设计知识”从用户需求和产品功能推导出合适的产品形态和结构。设计是通过界定要求（或理想功能），并尝试以恰当的形式或结构满足这些要求的过程。从功能到形式的溯因推理飞跃应当是其设计的内核。

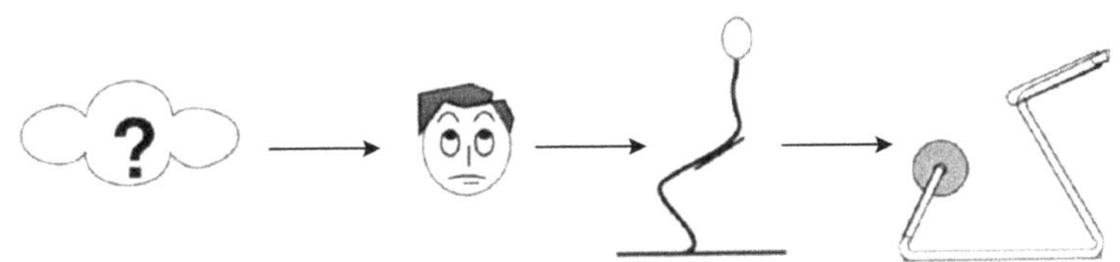

图 5-5 首要原则示例

吴志军认为，作为分析、评价和推导事物的依据，首要原则和个人的经验知识是两个极端。首要原则是某些硬性规定或通过逻辑推演获得的结论，而经验知识主要是通过大量实例归纳和总结出的知识[③]。在任何现实设计情境中，设计者的工作通常会受到已有产品形态和结构原型的影响，而不完全依赖科学的推理。同时，设计问题往往是定义不良的，设计问题要在设计过程中逐步明晰、界定，

① Gero J S. Computational models of innovative and creative design processes. Technological Forecasting and Social Change，2000，(64)：183-196.

② Cross N. Designerly Ways of Knowing. London：Springer，2006：95-103.

③ 吴志军. 基于产品符号认知的创新设计过程模型构建与应用研究. 江南大学博士学位论文，2011.

设计一开始拟定的设计目标、用户需求和期望的产品功能也会随着方案的深入和修改而不断变化，这是一个动态的过程。设计的部分任务就是发现新的需求，不断地阐述设计问题本身。因此，首要原则假定的前提在现实设计中往往很难具备。首要原则虽然在理论上有助于产生原创性的设计，但在现实设计实践中，仅仅应用首要原则进行设计创造的成功案例比较少。

2）类比

类比，即类比推理，是设计创造常见的思维技法，也是科学探究中常用的方法之一。类比推理是根据两个或两类对象有部分属性相同或相似，从而推导出其他属性也存在相同或相似的推理方式。类比推理的思维方式可以描述为：如果 A 对象具有属性 abcd，B 对象具有属性 abc，那么 B 对象可能具有属性 d。哲学家、心理学家等都认为类比具有通过先验知识获取新知识的特点。

当一个问题或领域中的概念结构与另一个问题或领域的概念结构相匹配时，就发生了类比（图 5-6）。伴随着知识向新问题的迁移，类比推理过程划分成两类：转变类比和派生类比。当利用旧策略解决新问题时，就发生了转变类比；当针对新问题产生新的策略时，可视为派生类比。类比要求目的（需设计的产品）和资源（可供类比的原产品）之间的匹配。

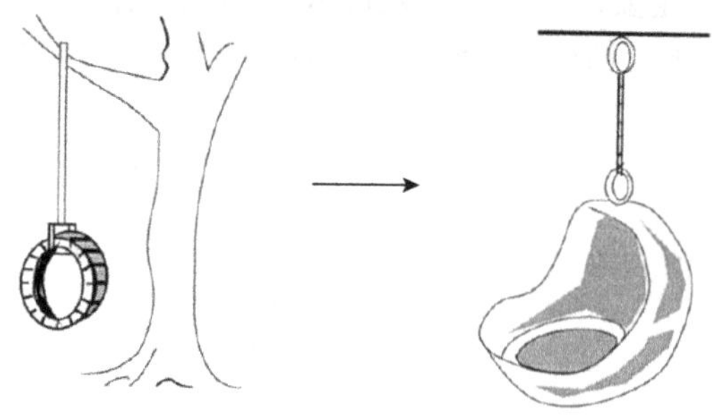

图 5-6　类比示例

设计在某种程度上说是一个类比认知的过程，首先设计者贮存了一定数量的设计案例，当设计者遇到新的设计问题（目标对象）时，就会提取新问题中的某些已知特征，与经验中的案例进行比较，若这些特征与某一案例的某些方面相似，则可以推论出该设计问题可能具有与原案例的其他属性相似的特征。显然，类比推理的结论具有一定的或然性，推理缺乏逻辑上的严密性，带有假定的色彩，结论可能为真，也可能为假。正因为如此，类比具有探索性和预测性，极具创造性。

3）整合

整合是最基本的设计创造思维，其特点是将多个现有设计的特征进行组合或配置，形成新的设计。此时，设计过程整合了两套设计观念或两套设计观念中的子集（图 5-7），这类设计可能发生在功能、行为和结构层当中，尤其在结构层中居多。特性的整合不仅体现在不同产品之间，对同一产品的不同特征进行重新利用和组合，也能带来设计的创新，实现新设计。通过不同特点的整合，能够形成新的具有多重特征的产品，有些特征甚至是现有产品所不具备的。

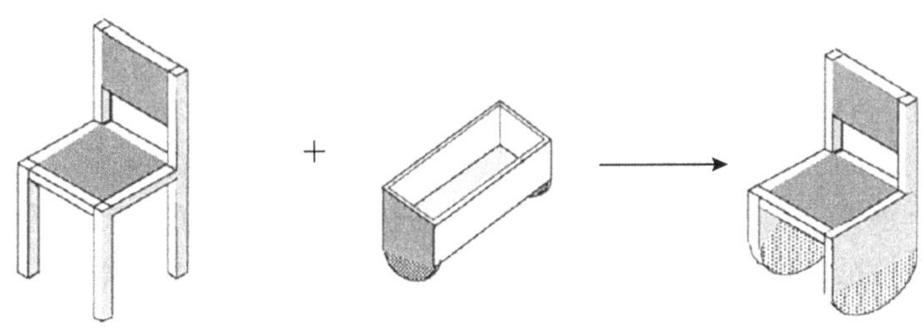

图 5-7　整合示例

整合是多个对象特征的组合，此时应注重多个对象之间的相互影响、协调以及配置的合理性。整合的目的之一是精简数量，创造新的功能，或在使用过程中节省空间、时间、步骤、成本等，而不是使产品越来越复杂。整合已有人工制品的特征，这些特征通过整合产生“变异”，产生新功能和新特征，这是开发新产品的重要创新思维方法。

4）突变

突变主要是通过修改现有设计的意图、功能行为和形态属性等特征来实现设计创造（图 5-8）。例如分解，将一个变量分解为两个变量，将改变设计产品的最终布局。突变设计可分为同质突变和异质突变。同质突变指改变同类变量的不同数量或参数，如将一倍长度转化为多倍长度；异质突变指改变其他类型的变量，如将一个长度拓展为一个长度及一个角度。异质突变要求整合更多的额外知识。

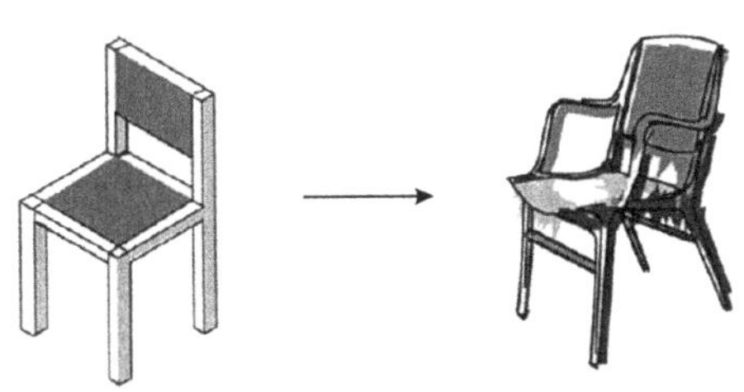

图 5-8　突变示例

设计创造过程中的突变是多方面的，具体方法主要包括改变视图（从不同的视角改变方案）、改变轮廓（改变轮廓的曲率、元素的长度和宽度，主要用于优化形状）、改变结构（平移、旋转、镜像、倾斜、缩放、分隔造型元素，主要用于探索元素间的空间关系，优化布局）、增加元素（在现有方案中添加新的元素）、删减元素（删除现有方案中的元素）、切割元素（分割元素，元素的一部分保留，其余部分被删除）、替代元素（应用新元素备选方案中的现有元素）等[①②]。

5）涌现

涌现是系统对象的重要特征，产生涌现的对象不仅包含大量的要素，而且还涉及要素之间的相互作用，属于对象的系统现象和系统特性。当结构的外延属性超越所意向的属性并发生变化时，则被视为产生了“涌现”（图 5-9）。“涌现”与“生成”之间的区别在于，“涌现”是不可提前预测的现象，但“生成”是可以通过分析整体的构成要素而推测和预期到的现象。难以预料、出其不意是涌现思维的重要特征。涌现特征更多体现在系统的结构方面，即来源于系统要素的组织方式[③]。

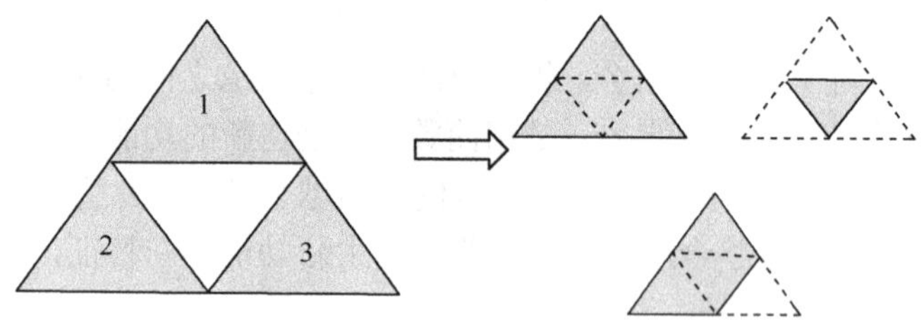

图 5-9　涌现示例

Gero 研究了设计过程中的涌现，认为涌现是在复杂对象中整合或组装两个或更多个不相符的、不一致的或不协调的要素形成新对象的现象[④]。他认为，这些要素的交互组合和表征可能导致下列 3 个选项中的一个：①预期的结果；②未预见性的，不想要的结果；③未预见性的，想要的结果。第 3 种就是渴望涌现出的情境。

① Prats M，Lim S，Jowers I，et al. Transforming shape in design：Observations from studies of sketching. Design Studies，2009，30（5）：503-520.

② Hsiao S W，Chen C H. A semantic and shape grammar based approach for product design. Design Studies，1997，18（3）：275-296.

③ Oxman R. The thinking eye：Visual re-cognition in design emergence. Design Studies，2002，（2）：135-164.

④ Gero J S. Computational models of innovative and creative design processes. Technological Forecasting and Social Change，2000，（64）：183-196.

在设计中，通过涌现，设计者能从原来有意义的形态中认知到突然出现的、外延性的、新的意义形态。在实践中，不仅仅有形状和结构这些产品物理属性的涌现，设计者还会从设计方案的认知过程中，涌现出新的语义、行为、功能和概念，即所谓的“认知涌现”。此外，依靠计算机辅助手段“拓展涌现”的方法也十分常见，通常依靠从象征性表征中分离出几何及拓扑几何的表征，其目的在于打破所意向的形状和固有表征之间的固定联系。

设计创造思维的相关理论为我们认识指向创造力发展的设计型学习提供了思考视角，即学习者在通过设计活动学习时，是否也会面临整合、突变、类比、涌现及首要原则等过程？如果会，提供什么样的“脚手架”支撑可改进其效果？这些都是在之后的研究中需要解答的问题。

5.2.3　活动形式

1. 目的

如第 2 章所述，设计型学习是“个体及共同体为改进现实、发展自身知识与能力，围绕真实、劣构问题中人工制品的功能、标准与结构进行的迭代、拓展性的反思探究活动”。设计型学习具有双重目的，从表层看在于创造应有生活；从内核看，它还具有个体及共同体发展自身知识与能力的目的，其中创造力是认知能力的高级阶段（图 5-10）。

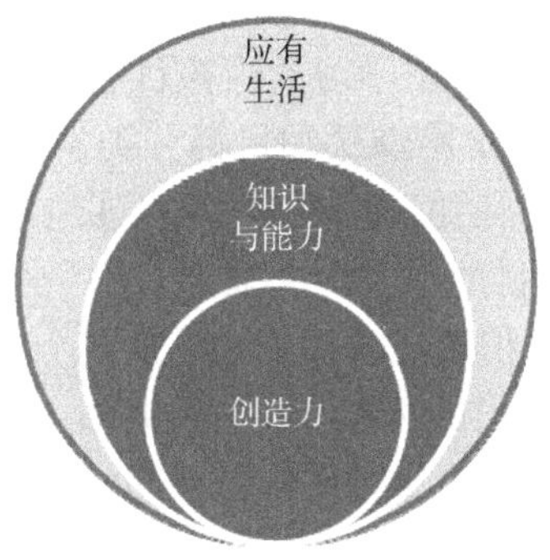

图 5-10　设计型学习之目的解析

1）设计型学习的表层目的指向“构筑应有的人类生活”

设计型学习中的设计不仅仅是为了物质的美的生产贡献的艺术领域，而且意味着在人类的生活形态、生活技术、生活秩序等方面广泛地丰富着人们生活的形式和内容，设计在某种意义上成为以“构筑应有的人类生活”为目标的特殊的社会行为[①]。

那什么是“应有生活”？“应有生活”与“现有生活”相对，人类历史是在“现有生活”中发现问题，一边在解决这个问题，一边摸索和构筑“应有生活”的。当下工业社会中，机器大生产占据主导地位，以经济效率为后盾的均等性表征着多数人的生活形态。长期下意识地处于“被消费”“被规约”的循环当中，人类的个性将屈服，主体性也将丧失。因此，在这个“如何做”在方法上几乎被克服的时代，人类尤其要认真地问“为什么”和“什么”。设计型学习中的设计将指向使人类变得更加像人类的人工制品，而非那些使人类本来必须拥有的各种资质（如创造物品的喜悦、怜惜他人的爱心）受到侵蚀的物品。同时，设计的目的不仅指向个人对个性、自由与解放的追求，也表现为与他人、外在世界共处的和谐。然而，作为一种特殊的学习类型，“构筑应有的人类生活”仅是设计型学习的表层目的，并不是本书的重点所在，因此不加赘述。

2）设计型学习的内核目的指向个体与共同体创造力的发展

人类劳动生产的过程中产生了许多单纯以创造人工制品为目的的设计，而个体与组织在此过程中下意识地积累了相应的知识与能力，我们认为产生了广义的设计型学习。而本书的对象限定在狭义的设计型学习，即在学校教育环境中，当人们在设计创造人工制品的同时，还有意识地追求个体及共同体知识与能力的发展，即不仅将设计作为创造的手段，还将其作为学习的方式加以利用。

区别于其他学习类型，设计型学习的内核目的指向有意义的知识建构与高阶认知能力的培养，这对应于安德森认知目标分类学知识维度当中的“程序性知识”“元认知知识”等，在认知过程维度中，“创造”则对应于创造能力的培养（表 5-1）。需要说明的是，目的与手段并非绝对地一一对应。设计型学习自然还具备其他的能效，如催生与积累元认知知识、发展个体的记忆能力等，但其可能对创造力的发展具有更为突出的贡献。本书强调创造力的发展，亦非排他性地单纯发展创造力，相反，创造力的发展是建立在其他低端认知能力基础之上的，这是一个递进、叠加与迭代演进的过程。任何人工制品的创造都需要调用记忆、理解、应用、分析与评价技能，创造更像是一种顶层的、高级的任务。发展创造能力，事实上是由顶到底、由上至下地倒逼其他技能的发展，“牵一发而动全身”、挈领全局。

① 张福昌，宫崎清. 设计概论. 合肥：合肥工业大学出版社，2011：17.

表 5-1 安德森认知目标分类

知识维度	认知过程维度					
	1. 记忆/回忆	2. 理解	3. 应用	4. 分析	5. 评价	6. 创造
A. 事实性知识						
B. 概念性知识						
C. 程序性知识						
D. 元认知知识						

遗憾的是，当下国内的学校教育中，由于学校教育组织、知识发展、有关学习者和教学模式的观念等原因，存在着一定规模的知识意义的缺失和学习异化现象，着重陈述性知识的积累和低端认知技能的发展。具体而言，“异化学习”表现出以下特点[①]：学习同学习对象（指定的知识和成绩）相对立，学习者为这些学习的对象所奴役，学习活动不是学习者解放自己的手段；学习过程是一个被强制的、自我折磨的、令人极力想逃避的过程；学习使学习者和其他学习者相对立。人们借以认识世界、改造世界的人类文明文化遗产，变异为从外部加之于学生的、有待于记忆和复述的事实描述与信息堆积。

因此，革新的学习方式和教学方式应致力于促进学习者具有对这些科目的了解、感受与认识文化的能力。于是 Resnick 说，学校学习的创新，与其说是创新，不如说是在学校场景中回归到人类学习的本来面目[②]。知识建构是在认识真实世界、解决真实世界的问题、完成真实世界的任务中实现的，我们应通过在知识和真实世界之间建立直接联系，重新建构学习中的知识意义基础。设计型学习提供的真实任务、复杂情境，为学生建立知识与世界的联系搭建了桥梁，为有意义的知识建构、高阶认知能力的发展提供了可能。

2. 主体

1）那些可能通过设计活动衍生知识与技能的个体

人类具有与生俱来的追求自由与解放的本能，学习则是人类实现自由与解放的有效途径之一。早期社会中的学习活动更多地像生产与劳动的附加品，但随着人类劳动生产力的提升、社会经济形态的进步，学习活动的地位与价值与日俱增。在当下的知识社会中，人们面对的是全新的、不断变化的职业和社会生活。若要与之适应，人们就必须用新的知识、技能和观念来武装自己。

---

① 郑太年. 学校学习的反思与重构. 上海：上海教育出版社，2006：66-68.

② Resnick L B. The 1987 presidential address learning in school and out. Educational Researcher，1987，（9）：13-20.

Banathy 认为，在过去的40 年中，人类的活动系统经历了四代设计方法的演进：规定性设计方法、权威性设计方法、参与性设计方法、使用者设计方法[①]。前两代设计方法蕴含的假设是，人类的活动系统是能够控制的，专家知道得最多、最好，其他人的任务就是按照专家的方案去做。参与性设计方法中，设计专家介入特定的问题情境，与需求方——“用户”小组成员共同工作，展开实际的、实践的交流与对话。使用者设计方法认为，为了使设计的结果具有真实性、支持性和适用性，应当由身处其中的活动主体去设计。他们是活动系统的设计者、使用者和享用者，而不是从专家那里“购买”设计方案。Banathy 指出，我们所处的是信息时代、后工业时代、复杂化时代和高科技时代，但更可以确切地称为设计时代。在这个设计时代，为了高质量地生存与发展，人类必须做设计的主人，只有通过设计，人类才有可能把握自己的未来。

同时，不管是否被意识到，当今的每个人大部分时间几乎都在设计。日常生活中的普通人虽然不能像职业设计师那样自觉地进行设计，但在改善人造物的过程中，下意识地做出了设计的反应。尽管专业设计师具有公认的高超设计能力，但同样明显的是，非专业设计者具备某些方面的、或多或少的设计能力，尤其在非工业社会，专业设计和非专业设计之间经常没有明确的界限，可能并不存在专业的设计师。例如，在基于手工业的社会，工匠生产出的物品不仅实用而且非常漂亮。即使在工业社会里，也偶然会出现打破常规的案例，如在建筑和规划领域，设计过程中经常出现通过设计参与共同体架构的情况，融合与整合非专业人士，人们因而认识到，专业人士可以也应当与非专业人士合作。设计知识当然不是专业人士所专有，未来社会中，设计无处不在，人人都可能是设计师。

因此，从广义上说，当个人在设计、改造外部世界的过程中顺带衍生了相应的知识与技能，就发生了设计型学习，此人就成为设计型学习的主体。我们因而可以说，人人都是设计型学习者。尽管由于年龄、种族、性别、职业、社会身份的不同，其设计型学习表现出不同的特征，但其改善生活、追求更优品质生活质量、完善自身知识与能力的目的却都是相同的。

狭义的设计型学习主体特指在学校教育当中，以设计更优化人工制品和增进知识与能力为双重目的的活动实施者。Merill 认为，学校里的学生与学习者之间存在以下差别：学习者是“从自己的经验中建构自己意义的人”，而学生是“说服自己从教学中获取特殊知识和技能的人”。[②]Merill 并非以学习发生的物理场所作为区别学习者与学生的标准，真正的标准应该在学习发生过程的本质中。

① Banathy B H. Comprehensive systems design in education：who should be the designers. Educational Technology，1991，31（9）：49-51.

② Merill M D. First principles of instruction. Educational Technology Research and Development，2002，50（3）：1042-1629.

布鲁纳曾区分四种教学模式及其学生观。一是视儿童为模仿者，相应的教育是要学生获得“知道怎么做”的知识。二是视儿童为从讲授式教学中学习的人，相应的教育是要学生获得陈述性知识。三是视儿童为思想者，相应的教育是要进行主体间的交流。儿童同成人一样，也在建构一个世界的“模型”，以帮助理解自己的经验。四是视儿童为能够获得知识的人，相应的教育是要对“客观的”知识进行管理。设计型学习强调将学生作为一个主动求知的思想者，在真实的情境中构建意义的学习者。

2）参与性设计与使用者设计理念下的设计型学习共同体

钟志贤认为，随着对人类活动系统的开放性、不确定性、复杂性和自组织性等特征认识的深入，参与性设计与使用者设计在当下社会逐步兴起[①]。其中的参与性设计，构成了培育实践共同体的充分条件。实践共同体是一种基于知识的社会结构，它提示我们从知识产生、理解共享、文化传承的角度去理解学习，并尽量提供理想学习环境所必需的社会性参与的类型与质量。现实中的实践共同体多围绕一定的知识领域展开。这种核心结构由一组关键事件或问题来定义，是实践共同体所有成员共同追求的事业。各成员对该领域有相同的兴趣，逐步形成一定的责任承诺和问责关系，进而培养相应的身份认同感。参与性设计中，不同利益方围绕劣构问题展开意义的协商与对话，在构筑新颖、适切人工制品的过程中，更新自己的认知、能力结构。从这个意义上说，设计型学习的主体也包含那些围绕设计主题聚合在一起的、拥有共同旨趣的、分担相应责任的、形成身份认同的学习共同体。

3. 对象

设计型学习的对象是那些真实的设计任务。需要说明的是，“真实的” 含有逼真的、可靠的、原汁原味的意思，它并不意味着是真正的，但是逼近真正的。应对真实的设计任务，也未必指一定将学习者带离学校的学习环境回归真实的现实世界，而是指所发生学习的真实性与可靠性。

一些研究者对“真实性学习”的问题类型所做的探讨值得我们借鉴。Cronin指出，“真实”的问题情境与现实世界直接相关，但并不意味着一定要在现实的情境中发生；“真实”的问题情境未必十分有趣；需要解决的问题未必很复杂[②]。Herrington 等描述了真实问题的特征：与现实世界、真实生活具有相关性；问题定义并不十分明晰，往往是定义不良的问题，要求学习者自己去定义任务与子任

① 钟志贤. 使用者设计：解放沉默的大多数. 现代远程教育研究，2006，(4)：11-16.

② Cronin J F. Four misconceptions about authentic learning. Education Leadership，1993，50（7）：78-80.

务；包含一些比较复杂的问题，而不仅仅是一些记忆性问题，需要学习者花费一定的时间去解决[①]。李卢一和郑燕林认为“真实的问题”常常是“有意义的”，是“值得解决的”，而不是凭空想象的[②]。问题情境接近现实世界，对学习者构成一定的挑战性，能够发展学习者解决问题的技能和高级思维能力，并在未来的学习工作中加以迁移。

赵健强调，并不是所有的问题都能激发学生持续学习[③]。真实性学习的引发，需要嵌入有意义的话题(即用已有知识能够理解，与现有经验相比有冲突或挑战，学习者能够感知该问题对所在社会与生活的重要价值，等等)、具体的问题解决(问题没有现成的答案，学习者需要通过一定的投入和程序方能解决)、分布式专家知识的发展(问题需要提供给每个学生可以利用自己的经验和知识的机会，同时也需要和他人的经验和知识进行合作的机会，以及利用工具延伸自己的思考的机会)、行动知识（对于问题的解决，学习者需要经历实验、制作图表、处理实物、观察记录、论辩、表达、写作成果等“做科学”的过程，而不仅仅是观看演示、习题熟演），以及可用资源（问题的解决所需要的资源和条件是可以通过各种途径获得的）。Edelson 和 Reiser 提出了创建真实性学习环境的四个建议：使学生处于有意义的真实实践中；使真实实践的内隐要素外显化；降低真实实践的复杂性；根据发展的进程对学习活动进行排序[④]。

4. 工具

维果茨基曾将人的心理机能分为两种形式：一种是自然的、直接的低级心理机能；另一种是社会的、间接的高级心理机能。高级心理机能的发展，与人的实践活动以劳动工具为中介相似，是以社会文化的产物——符号为中介的。区别人与动物最根本的东西就是工具和符号，人类正是借助于工具和符号，改变着一切心理活动，从而形成了人类特有的、被中介的心理机能。他同时指出，人有两种工具，一种是石刀、现代机器等物质工具；另一种是符号、词乃至语言等精神工具，人运用精神工具进行心理操作。精神工具多以一定的物质载体为介质，为人与外在环境的互动提供中介。当我们从促进个体认知发展的角度理解“精神工具”时，可以称之为“认知工具”。

① Herrington J，Reeves T C，Oliver R. A Model of Authentic Activities for Online Learning. Interactions in Online Education：Implications for Theory and Practice，2006：91-103.

② 李卢一，郑燕林. 泛在学习的内涵与特征解构. 现代远距离教育，2009，(4)：17-21.

③ 赵健. 学习共同体//高文. 学习科学的关键词. 上海：华东师范大学出版社，2009：101-107.

④ Edelson D C，Reiser B J. Making Authentic Practices Accessible to Learners：Design Challenges and Strategies // Sawyer R K. Cambridge Handbook of the Learning Sciences. New York：Cambridge University Press，2006：335-354.

人们在研究与实践的过程中，丰富了维果茨基的认知工具理论。分布认知理论进一步指出，工具作为认知加工的成果，本身包含“智能”，可供学习者作为“脚手架”。当下，认知工具多指能帮助学习者完成对信息收集、整理、处理、创造和表达等方面有效地进行思考和认知的操作工具。一切能促进学习者认知的工具，可称为认知工具，既包括纸、笔、模型等实体工具，也包括基于计算机的虚拟工具。一种工具是否成为认知工具要看它是如何被使用的。

在设计学习过程中，学习者与教师、学习环境积极互动。学习环境包括资源、工具、中介等，它们可能表现为有形的认知工具即技术设备，如铅笔、黑板、投影仪、模型等；另一种是无形的认知工具，它包括一系列的认知策略，如语义网、元认知等。它们通过指导、建模和促进等功能，改进学习者的思维和学习过程（图 5-11）[①]。

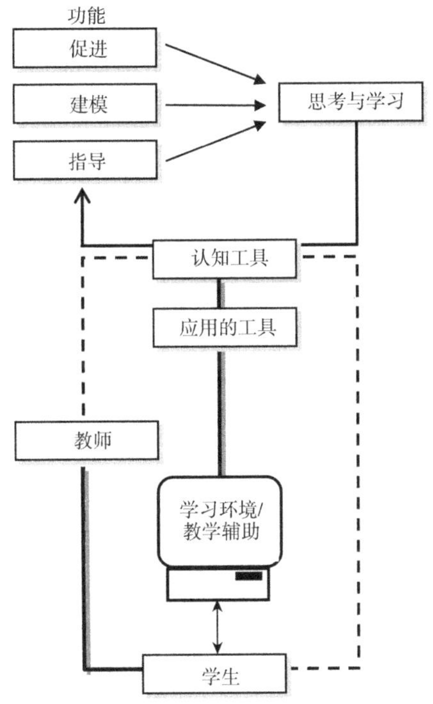

图 5-11 认知工具作用示意图

① Robinson K. Cognitive tools in interactive design for digital design. http://otl.curtin.edu.au/events/conferences/tlf/tlf1999/robinson-k.html[2013-01-04].

工具在认识主体与认识对象之间发挥着中介作用，设计学习中认知工具可能发挥以下作用。①信息查询。这些工具帮助学习者在那些需要查询信息的学习情境中提取和界定信息，如数据库、搜索引擎等。②信息呈现。这些工具使得信息以有意义和恰当的方式加以表现，如我们常见的草图、概念图等。③知识组织。这些工具支持学生通过操纵信息，对信息进行结构化处理，建立信息之间的关系，如表格、演示工具等。④知识整合。这些工具允许学生将新的信息链接到已有知识，以构建更大数组的信息，如模拟工具等。乔纳森区别了计算机支持的认识工具类型（表 5-2），为设计型学习中工具的选择提供了依据[①]。

表 5-2　认识工具类型

类型	描述	例子
数据库	对那些内容丰富的学习（如地理、社会研究和科学）起到补充概念的作用 支持以有组织的方式存储和检索信息。结构可以表达知识节点间的内在联系，因此利用数据库可以帮助学习者建构他们已知的知识，这将有利于理解	数据库管理系统
概念图	概念及其相互关系，其作用与数据库相似，将学习者对知识的组织外显化 对规划其他类型的产品和知识基础也同样有效	
电子表格	计算机化、数字化的记录保存系统 质的改变，很容易适应和修改此过程 支持猜测、决策和解决问题的能力，它们往往应用于假设分析当中 多功能的最有效解决定量问题的工具，三个主要功能为：存储、计算和呈现信息	
仿真工具	自己高度发达的感觉系统 支持调查项目，是学习者完成项目的“脚手架” 帮助学生理解和表达自己想法，否则他们可能没有机会做出这样的尝试	
结构化计算机会议	两种类型：异步通信和同步通信；支持学生在交流的过程中建构知识	Email、BBS

5. 规则

受 Engestrom 拓展学习理论、Owen 知识产生和累积的一般模型的启发，我们认为设计探究与科学探究可构成一种设计型学习活动。当然，设计探究也可能与人文探究交互，构成另一种设计型学习活动。人文探究的对象是研究和描述“人类经验”，采用模拟、隐喻、批判、评价等研究方法，追求的是主观性、想象性、信奉，关注的是“正义”问题。科学探究在此特指自然科学，如前所述，其研究对象是自然世界，关注发现问题，发现和描述“客观存在”，研究方法多为

① 乔纳森. 技术支持的思维建模：用于概念转变的思维工具. 顾小清，等译. 上海：华东师范大学出版社，2008：87-187.

控制实验、分类、模型、分析等，追求客观性、理性与独立性，关注的是“真知”问题。考虑到学科发展成熟程度与已有研究基础，本书在描述设计型学习活动规则时，重点探讨科学探究与设计探究的交互循环。

我们借助中国传统文化中的太极图来表征二者的关系（图 5-12）。图示中白色部分代表设计探究，黑色部分代表科学探究，二者既有联系，又有区别。当中的小圆形，表征二者互相包含且互为源头，如两鱼交游的环弧形表示相互交叉融合，变化循环不已。参考美国斯坦福大学“设计思维行动实验室”（Design Thinking Action Lab）对设计思维的界定[①]，本书认为，设计探究活动由共情、界定、构思、原型、测试构成。科学探究活动则由假设、验证、分析、交流构成。环节间存在重合与对应，各环节不存在绝对起点与终点，每一个环节都可能成为起点。彼此的顺序也呈非线性，存在跳跃、重复，整个设计探究与科学探究过程表现出迭代的特征。以下具体介绍每个环节的特征。

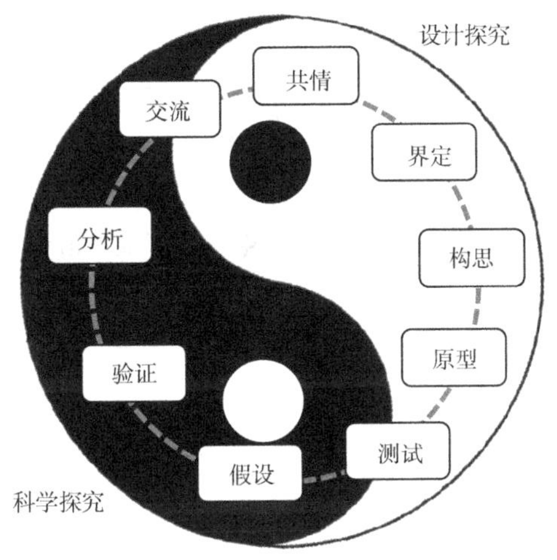

图 5-12　指向创造力发展的设计型学习模型活动规则

1）共情

Hoffman 认为共情是从他人的立场出发对他人内在状态的认知，从而产生的一种对他人情绪的体验状态[②]。作为人与人之间情感连接的纽带，共情既是道德发展的重要指标，又是预测亲社会行为和道德行为的重要因素。然而，共情不

①美国斯坦福大学. 移情与原型：深入研究设计思维的关键工具. https://online.stanford.edu/courses/xine214-empathize-and-prototype-hands-dive-key-tools-design-thinking [2018-07-22].

② Hoffman M L. Empathy and Moral Development：Implications for Caring and Justice. Cambridge University Press，2002：46-47.

是同情，不是惋惜别人的不幸，而是与他人产生共鸣，即想象如果自己是那个人会有什么样的感受。共情是一种大胆的假想行为，是虚拟现实的最高境界，即深入他人的思想从他人的角度来体验这个世界。

设计具有服务他人、与他人共情的基本属性。需要说明的是，设计的服务关系绝非仅仅存在于设计者和用户之间的单一关系。设计是一种包容性活动，可能涉及多种角色（图 5-13）[①]。设计者除了对用户负责外，还要对将受设计活动影响的其他人承担责任。这些人可能包括利益相关者（他们受意图性变化的影响，但不作为设计过程的部分包括其中）、股东、决策者、生产者、最终用户、消费者和用户代理（这些人间接服务用户，不能代表他们自己的利益）。

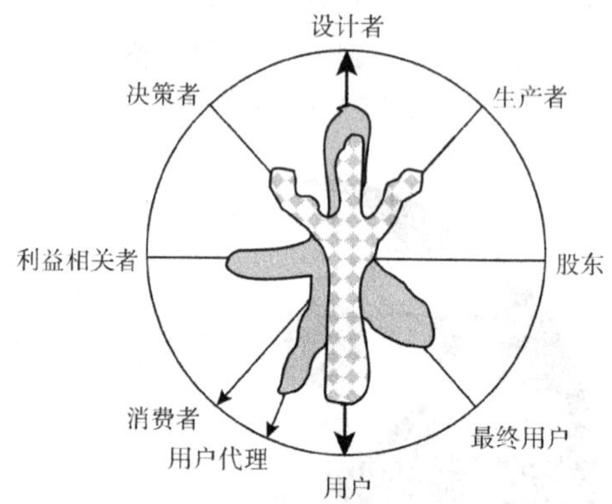

图 5-13　设计中的服务关系

在不同的设计情境中，角色形成的关系是复合的，包括多种不同构成类型。设计者需要确定哪些角色是满足设计目标所必需的。设计者可以依据实地调查或文献研究挖掘出对用户的深层认识。共情，可以成为灵感的来源，也可以成为探求用户需求的工具。共情涉及观察、聆听、讨论和寻求理解的调查研究以及人类学方法，关键是从寻求理解而不是试图从说服出发。

2）界定

界定环节具体包括决定试图解决的问题、确定用户对象、按紧急程度优先排序、确定使项目成功的要素、建立专业术语探究、回顾问题，列举每一种限制条件、收集试图想解决同样问题的案例等。其中对问题和限制条件的界定尤为重要。

① Nelson H G，Stolterman E. The Design Way：Intentional Change in an Unpredictable World. Cambridge，Massachusetts：The MIT Press，2012：12-13.

对于问题的准确理解有助于制订更多更合理的方案。这一阶段决定了什么是项目成功的必要因素，调研阶段主要是收集信息，如设计项目的历史资料、用户研究资源和反馈意见等，找出潜在的障碍。进行调研时，信息可以分成定量信息和定性信息，这有助于确定一个目标人工制品的规模及特征。

设计中的"界定"与科学探究中的"界定"既有区别又有联系。设计界定的对象可以是用户需求（或潜在需求）、用户特征、问题的表现形式、问题的本质，界定的清晰度是相对的，这里的"相对"不仅指程度上的清晰性，还是指时间上的动态性，即界定的工作不是一次完成的，可能在后续的构思、原型创建与测试的过程中发现新的限制而后返回修改。设计初期对错误的容忍、没有评判优劣的标准、设计过程的迭代循环，消除了人们对失败的恐惧，激励了人们最大限度地表达观点，参与构思和原型创建。与此区别的是，科学探究中的"界定"则对清晰度要求更为严格，对问题的本质、问题与子问题的关系、后续的研究步骤、测评标准与手段等应做出准确无误的描述，在之后的探究过程中如若出现与计划不符的情况，则可以推测界定环节出现纰漏，可视此次科学探究的规划不够理想。

3）构思

构思阶段包括确定终端用户的需求和动机，产生尽可能多的支持用户需求的想法，对人工制品结构所呈现的行为标准做出描述并探讨可能的结构形式。设计者经常要面临在有限空间中整合大量信息的挑战，他们借鉴在界定阶段所收集的结果和制定的限制条件来进行思考。设计者可以采用不同的操作方法，具体包括头脑风暴、思维速写、自上而下等方法。

一次头脑风暴只讨论一个话题。人们结合不同的构思方案，扩展和精致化各观点；创建多个草案；寻找不同人群的反馈，包括终端使用者；对用户呈现一个已选观点；保留评判，保持中立；记录头脑风暴过程；不要评论或者辩驳其他人的观点。在设计型学习进行头脑风暴的过程中，教师可以让学生对某一主题提出上百种解决方案，此时要求指导者推迟判断他人的构思；尽量在课堂中维持良好的支持气氛；引导学生成为乐意承担风险的探险者、野心勃勃的思想家及对可能和不可能事物执着的梦想家；使学习者对设计挑战中意想不到的观点持开放的态度。

客观而言，构思阶段的前期，倡导发散思维，积极鼓励创意的数量，而非强调质量。其中所采取的每个方法都包含不同形式的创造，采用哪种方法取决于多种因素，如时间、资源等。随着构思的发展，鼓励聚合思维可以确定界定阶段是否存在误解或缺陷。同时，可以贯穿整个设计进程去寻求反馈，以进一步澄清问题，并解决在界定阶段尚未明确的问题。构思阶段的后期，应回顾目标；不考虑情感和是谁的观点；避免一致的想法；选择有利的方案。

4）原型

原型是一个用草图、二维形式或三维形式做出来的粗糙模型，其最终目的是准确、方便、快捷地表达设计者的设计意图。原型是一个有价值的设计工具，在产品开发的整个过程中，有利于评估设计的可行性；在初步设计阶段，能够探究和测试用户；在实际设计布局和更详细的交互问题中，能够评估和测试。之后的"高保真"模型可以用来提供一个最终的"演示"。

原型能够迅速传达想法。构建越多的原型，越能学习到更多的内容。学习者创造原型的目的在于通过测试它学习到相应的知识与技能，可通过视觉化、动手实验和快速构建原型的方式加快学习进度。为得到有用的反馈，原型应尽可能做得简单。既然设计相对科学探究而言，强调激进而非渐进，那么这种简单的原型越多越好。在开发时，在资源耗尽之前，快速简单的原型还有助于很好地发展潜力。创造通常出现在作为概念、产品或服务的非常粗糙的模型当中。通常来说，这样做也可能导致快速、经常的失败，但失败本身就是进一步学习的提示，可通过试错学习，在错误当中学会分析、推理。

原型可以是概念草图、粗糙的物理模型，对于服务设计而言，它可以是故事，或是角色扮演、脚本，并且总是包括一个可视的概念的形式。原型的目标就是将无形的东西变成切实可行的，而视觉化就是最好的实现方式。在设计型学习中，引导者应向学习者提供多元品种的材料，如硬纸板等，尽量为学习者提供思维外显化的机会。

5）测试

测试是迭代过程的一部分，旨在收集反馈。收集目标用户的反馈；确定方案是否切合目标；讨论可改进的地方；衡量成败，收集数据；存档。测试的目的在于检验人工制品是否能良好运作，其结果可为下一步科学探究提供假设的前提。而后根据探究结果，返回原型阶段做出修改。当然，也有可能返回构思阶段对标准做出调整，或返回界定阶段对功能做出改动。

测试的结果可为进一步科学探究提供线索。科学探究主要包括形成假设、检验假设、得出和解释结论、交流与应用等步骤。①假设源于设计原型的测试结果，是对于问题的一种简洁的陈述，是个体在已有的知识经验的基础上所提出的关于问题的可能性解释。②检验假设：通过引证或实验，假设就可能被证实或支持，也可能被否定或推翻。检验使人们能够探查自然现象背后的规律。如果所提出的假设在实践过程中行不通，那么就需要重新对问题和假设进行分析，再次提出新的假设和验证假设。③得出和解释结论：在对假设进行验证的基础上，经过分类、分析、推论、预测、批判性推理和逻辑推理，个体概括、归纳其发现，得出并解释结论，形成关于某一现象或问题的科学认识。④交流与应用：在形成关于某一现象或问题的结论、解释后，个体还需要与他人进行交流。在这种交流中，一方面，个体要准确地向其他人阐明自己所探究的问题、方法、探究过程以及结果，并倾听他人对证据和解释的看法和态度；另一方面，他人也有机会就这些结论、解释提出疑问，指出其中有悖于事实证据的地方，或者就相同的观察提出不同的解释等。通过交流，个体可以获得各种可能的解释，有助于将实验证据、已有的科学知识和他们所提出的解释这三者之间更紧密地联系起来，最终解决彼此观点中的矛盾，巩固以实验、事实为基础的论证，促进科学结论的获得。

对于科学探究过程的认识，我们不能采取绝对化、机械化的理解，以为只有经历上述四个阶段的探究才是科学探究。实际上，科学探究的问题是多种多样的，针对不同问题，人们经历的探究过程、采取的探究方式可能就不同，不可能存在某一种绝对、固定化的模式或统一化的模式。同时，在科学探究的过程中，形成假设和检验求证是连续循环、交叉重叠的两个过程，正是在不断地假设→检验→再假设→再检验的过程中，个体不断地丰富、调整和完善对于世界的认识。

5.3　基于模型的教学设计

尽管广义的设计型学习对应着泛在学习、终身学习和非正式学习的许多要义，但不可否认的是，学习教育环境仍是设计型学习的主要场所之一。本节我们将重点讨论在学校教育环境当中教师引导指向创造力发展的设计型学习必不可少的核心要素，围绕目标、内容、过程与评价做出相应的教学设计研究。

钟志贤借鉴中国儒家的哲学典籍《中庸》，认为教学设计研究可以从“中庸之道”中析出四大理念，即“执中、求和、时中、至诚”[①]。其中，“执中”意味着：①明确教学设计研究的本质、宗旨、核心价值、根本指向、思维方法或行进之路；②在特定的时空情境下的教学行为的“适宜”或“适度”；③切中目标，即契合事物的性质，正中对象的需求，达到活动的目的。“求和”其一是指多样性、异质性事物的“和”，是和而不同。其二是和谐平衡状态的“和”，各种不同要素之间具有内在的一致性、凝聚性、和合共生性。其三是讲求“中节”的“和”，不是无原则的“和稀泥”、牵强附会或方枘圆凿。这些理念提示我们，在尝试提出设计型学习的教学设计建议时，应追求在特定的时空情境下“适宜”

① 钟志贤. 义趣探微：中庸之道蕴涵的四大教学设计研究理念. 电化教育研究，2014，(2)：5-12.

或“适度”，灵活处理教学设计系统诸要素的“和谐”关系，使其与社会文化环境协同作用，教学设计才能充分发挥其应有的功能。

5.3.1　目标规划

众所周知，目标对活动过程和结果具有激励、导向、评价等作用。管理学家德鲁克认为，制订目标时应考虑 SMART 原则，即目标必须是具体的（specific）、可以衡量的（measurable）、可以达到的（attainable）、具有相关性（relevant）、具有明确的截止期限（time-based）①。同时，教育学、心理学领域的专家们对学习目标、学习结果分类做了长期的探索，为我们描述设计型学习目标奠定了认识基础。其中，安德森提出的布卢姆教育目标分类可以给予教师具体的目标制订的操作性指导②，给予学生明晰的学习结果的要求及判断标准，为设计型学习的学业成就水平中的知识与认知测评提供了参考依据。

1. 知识与认知能力

如前所述，安德森将学习目标分为知识维度与认知维度，下面笔者将结合美国四年级英语学科写作教学的实例来解释该学习目标分类的应用。在本单元中，教师辨析了四个学习目标：①为写关于一位美国历史名人的报告而选择信息来源；②选择关于一位美国历史名人的信息，并且这些信息与学生的书面报告和口头报告相关；③就一位美国历史名人人生的重要方面写一篇内容丰富的文章，用来与同班同学和学校中其他恰当的读者进行交流，而且，文章还应该就这位美国名人的贡献如何影响社会提出自己的见解；④就书面报告的一部分发表课堂演讲。究其本质，我们不难发现它们处于“事实性知识”的“创造”和“概念性知识”的“分析”“创造”层面（表 5-3）。

表 5-3　设计型学习目标分布

知识维度	认知过程维度					
	1. 记忆/回忆	2. 理解	3. 应用	4. 分析	5. 评价	6. 创造
A. 事实性知识						目标 3 目标 4
B. 概念性知识				目标 1 目标 2		目标 3 目标 4

① Wikipedia. SMART criteria. https://wiki.mbalib.com/wiki/SMART%E5%8E%9F%E5%88%99 [2019-05-06].

② 洛林 · W. 安德森. 布卢姆教育目标分类学：分类学视野下的学与教及其测评. 蒋小平，译. 北京：外语教育与研究出版社，2009：1-8.

续表

知识维度	认知过程维度					
	1. 记忆/回忆	2. 理解	3. 应用	4. 分析	5. 评价	6. 创造
C. 程序性知识						
D. 元认知知识						

以此分类标准得出的学习目标十分清晰，具有明显的可操作性，为之后的教学活动、测评提供了可能。但是，学习目标、教学活动、测评并不是先天一致的，在教学活动和测评的过程中，可能会出现二者与学习目标偏离、不一致的情况。因此，安德森认为面对三者的不一致时，教师应对目标的陈述、教学活动及测评或评价准则进行修改。

2. 过程与方法

严格地说，安德森的教育目标分类表述为教育结果分类更为恰当。安德森批评了一些教育者将方法与目的混淆的倾向，认为目标描述目的——预期的结果、预期的成果和预期的变化，而教学活动如阅读课文、听教师讲课、进行实验和野外考察等都是达到目标的方法。他举例说明，在使学生学会求解两个未知数的联立方程的算法这一目标中，求解联立方程的行为是一项活动，通过这项活动，学生也许能够、也许不能够学会解答联立方程，因此他认为把目标与教学活动或测评区分开来十分必要。按照安德森的例证，学习活动是学习结果的一个不充分条件，因此在学习目标中加入对学习活动的描述，不仅容易将二者混淆，还容易误导大家将注意力集中在过程性评价和表现性评价上，从而忽略真正需要评价的结果。

然而，我们认为，安德森的学习结果分类具有去情境化倾向，尽管它是具体的，却未必是可以衡量的。如果目标描述中缺少活动与结果的匹配假设，那活动最终会沦为结果的不必要条件。如在“使学生学会求解两个未知数的联立方程的算法”这一目标中，学生将学会该技能，可能是教师教学干预的结果，也可能是学生自学、顿悟或心理自然成熟带来的结果。因此，我们在描述学习结果时，有必要对带来学习结果的条件加以预设。事实上，安德森对活动与结果的区分，是为了避免过于注重活动过程或将其作为唯一追求，他并不否认活动对于结果的作用——“教学活动与测评可以用于帮助辨认和澄清预期的学生学习结果”[①]。

① 洛林·W. 安德森. 布卢姆教育目标分类学：分类学视野下的学与教及其测评. 蒋小平，译. 北京：外语教育与研究出版社，2009：14.

此外，需要说明的是，情感、态度、价值观一直渗透于知识与认知、过程与方法的要求当中，在教学设计时，它们作为激励教师教学活动的提示，有必要对其进行表述。但是，因为情感、态度、价值观具有长效生成性、内隐性和不稳定性等特点，在短期内对其进行测评是不现实、不科学的，因此，不宜将其作为测评目标加以描述。

5.3.2 内容选择

如前所述，真实的、定义不良的问题都可以作为设计型学习的内容。赵健认为，可设置两条路径来提出定义不良的问题。一条路径是非预定的、由学生从已有的概念冲突或“对质”中提出问题，并在已有知识基础上提出假设，然后在随后的设计、探究中对假设予以验证。另一条路径是由教师提出开放的、定义不良的问题，引导学生在学习情境中寻找多种不同的解决方案[①]。祝智庭和孙妍妍综合多个方面的资料总结出好的创客课题应该具有课题的切身性、课题的复杂性、充足的资源、互动和合作、高强度、合理的时间安排、分享教育、新颖性等八个要点[②]。

就具体学科而言，科学、技术（信息技术）、社会学科的内容更容易被开发为设计型学习的对象。我国《普通高中通用技术课程标准（2017 年版）》将“技术与设计 1”“技术与设计 2”列为必修课程，认为“随着科学技术突飞猛进地发展，技术成为引起和应对社会变化的重要因素，而设计又是当代技术发展的关键”[③]。

然而，这并不意味着其他学科当中不存在这样的机会，凡是需要学生制造出相应的人工制品的学科内容都可以用来做深度开发。这要求教师具备设计型学习的意识，结合具体教学情境、学科内容、学生特点等做出具体判断。需要明确的是，人工制品的形式可以是 2D 的，也可以是 3D 的，目前得以推广的设计型学习仍以 3D 制品居多。这可能是因为：①根据皮亚杰的认知发展阶段说，人类的认知发展由具象逐步转为抽象，3D 制品更加符合儿童认知发展的特点。②3D 制品的直观、可触有助于实现思维外显化，可直接促进个体对学习过程与学习结果的思考。③借助 3D 制品更容易实现共同体内部及共同体之间的交流。根据以上原则，我们还可以描述出人文探究中可能的设计型学习内容（表 5-4），教师可根据学科内容加以整合。

---

① 赵健. 学习共同体//高文. 学习科学的关键词. 上海：华东师范大学出版社，2009：101-107.

② 祝智庭，孙妍妍. 创客教育：信息技术使能的创新教育实践场. 中国电化教育，2015，（1）：14-21.

③ 中华人民共和国教育部. 普通高中通用技术课程标准（2017 年版）. 北京：人民教育出版社，2018：11-18.

表 5-4　人文探究中可能的设计型学习内容

人工制品类别	内容
艺术作品	建筑、展品、书法、多媒体演示、摄影、雕刻、时装、封面等
表演作品	小品、戏剧、舞蹈、电影/视频、诗歌、作曲、角色扮演等
口头作品	辩论、演讲、讲座、访谈、角色扮演、公告、模拟审判等
视觉作品	视频、广告、图解、列表、绘画、时装、计算机程序、模型等

5.3.3　过程指导

描述指向创造力发展的设计型学习过程，将面临一种尴尬：描述得过于宏观、抽象，提供了充盈的调整空间，却失去了针对性；描述得过于微观、具体，提供了可操作性，却牺牲了灵活性。因此，本书不对设计型学习过程做流程性的规定，而是参照多数课程理论、教学理论的做法，提出一定的原则/意见，供教师设计教学活动时参考。

结合 Williams 的教师启发创造性思维的策略、Herrington 等的真实学习环境的特征[①②]，我们认为，指向创造力发展的设计型学习过程应该具有以下特征：①矛盾。提出一些似是而非、自相矛盾的事物和命题引发学生的思考。②归类。让学生注意事物的各种属性并加以归类。③比拟。让学生比较类似的各种情况，发现事物之间的相似之处，将某事物与另一事物做恰当的比喻。④辨别。让学生找出事物间的差异或缺失，寻觅各种信息中的遗漏环节，发现知识的未知部分。⑤激发。鼓励学生多方面探求各种事物的新意义，引导发散思维，探索并发现新知识或产生新发明。⑥变化。提供变化的事例，演示事物的动态本质，使学生具有选择、变通、修正及代替的能力。⑦重组。将某种结构改组，创立一种新的结构，在凌乱无序的情况下发现、组织并提出新的处理方式。⑧容忍模糊的事物。提供各种开放性问题或情境，鼓励学生进行发散性思考，允许他们有恰当的甚至错误的思考。⑨直观表达。尽量进行直观性教学，使教学生动、形象、逼真。⑩对发展的调试。辅导学生从错误或失败中学习，鼓励发展胜于干预调节，允许学生有不同的选择和追求。⑪视觉化技术。辅导学生用具体的图解或实例的方式来学习和表达思想与情感。⑫丰富的资源与活动。学习者有机会从不同的角度，利用各种资源去面对某一个学习任务，以促进认识的“模式转变”。⑬反思。学习

① Williams F E. Assessing pupil-teacher behaviors related to a cognitive-affective teaching model. Journal of Research and Development in Education，1972，(4)：14-22.

② Herrington J，Reeves T C，Oliver R. A Model of Authentic Activities for Online Learning. Interactions in Online Education：Implications for Theory and Practice，2006：91-103.

者具有反思机会。⑭ 跨学科。学习具有整合性，力求使学生利用不同学科的知识，引导学生获得跨学科领域的学习成果。⑮成果有意义。学习成果是一种从学生自己的视角来看非常有意义的产品。⑯成果多种多样。这主要是关注学习成果的原创性，并不要求唯一正确的答案。⑰营造积极的动机氛围。这是对好奇心和探求欲的激发和奖励。⑱学生掌握主动权。提供为学生选择和发现的机会。人们对自己选择的活动有更多的内在动机，比起由别人选定的活动或不受自己控制而被迫从事的活动要更有兴趣。

5.3.4 评价组织

指向创造力发展的设计型学习评价与传统学习评价的区别在于主体的多元化、内容的多维化和方法的多样化。评价主体可能是教师、学生、学习伙伴、专家、家长等；评价方式可分为总结与过程评价；评价方法既可能是标准化测试，也可能是量规、量表、观察表等；评价内容方面，评价主体可针对学生所掌握的知识与认知技能做出评价。限于研究目的，以下仅针对设计型学习课堂上创造力发展的评价做出探讨。

对创造力进行测评的工具十分丰富，林林总总有几百种之多。首先，对典型的测评方式加以介绍：①发散思维评价主要解释创造力潜能的发展，识别流畅力、独创力、精进力和变通力，可以用来评估创造力训练的成效[①]。优点在于能够形成量化资料、建立常模、具有较高效度，不足在于易受到其他变量影响等。其中最负盛名的当属托兰斯编制的创造性思维测验（TTCT，Torrance tests of creative thinking）。②人格特征自述评价主要解释与创造力相关的人格因素，使用不同的工具测量人格特质或情绪状态。其优点在于可以了解孩子对创造力的自我知觉及感觉，对成人有很高的预测效度，缺点在于较主观、缺乏效度。③人格他人评价同样可以解释影响创造力的相关因素，可用来测量个体受创造力训练后的效果，优点在于可标准化、可团体测量、使用利克特式量表，局限在于无法呈现深入的资料、缺乏效度。卡玛（Kuma）的创造力风格问卷（CSQ，creativity styles questionaire）是其中的典型代表。④作品评价通过评价作品的原创性确定作品加工生产后的品质，优点在于可对不同领域的产品进行评估，缺点在于缺乏评分者信度、缺乏一致的标准。研究者常用的有瑞斯（Reis）的学生产品评价表格（student product assessment form）。⑤情境评价的内容是促进创造力发展的环境特征，其优点在于可研究教室里的创造力，局限在于环境的变化性较大，难以找到最合适

① Fishkin A S，Johunson A S. Who is creative? Identifying children's creative abilities. Poeper Review，1998，（21）：40-46.

的研究工具和程序。丹尼（Denny）的课堂创造力观察结构表（CCOS，classroom creativity observation schedule）就属此类评价。⑥整合评价将发散思维测验、人格自评、人格他评相结合使用，可结合不同资源评价孩子的创造力，局限在于观察资料不充足、信度不佳。⑦替代性评价利用对产品的评价、观察个体的表现、接受复杂及开放的行为，从不同的非正式观察、档案及教师访谈了解个体创造力，能够反映真实情境的特征，缺点在于缺乏效度。

其次，我们还可依据教学目的与情境对以上评价方式加以整合、改编，选择性地应用于引导教室环境下的设计型学习当中。当教学周期较长，预计能够带来创造力思维方式或人格特质的变化时，可考虑使用发散思维测验或相关人格测试，如国内应用得最广泛的且经我国学者改编的 TTCT。教学周期较短，单位时间内无法反映出创造力思维方式或人格特质的变化时，可考虑采用创造力行为、情境观察的方式（如丹尼的课堂创造力观察表等），或学生作品评价方式。需要强调的是，教师对学生作品进行评价时，还应针对其设计作品的特征加以区别对待。Owen 认为对设计作品评价应与科学、技术、法律、艺术的评价相区别（表 5-5）[①]。因此，在课堂学习中，教师应针对具体的学习内容开发相应的评价量规，对相应的设计作品进行判断。

表 5-5　各领域测量的不同之处

领域	学科	测量	价值源头
科学	数学	真/假 正确/不正确 完整/不完整	推理 逻辑
	化学	真/假 正确/不正确 有效/无效	物理世界
技术	机械工程	对/错 更好/更差 有效/无效	物理世界 人为世界
法律	成文法	公正/不公正 合法/不合法 对/错	社会契约
艺术	绘画	美/丑 熟练/不熟练 思想令人刺激的/平庸的	文化

① Owen C. Design research building the knowledge base. Journal of the Japanese Society for the Science of Design，1997，5（2）：36-45.

续表

领域	学科	测量	价值源头
设计	产品设计	更好/更差 美/丑 适合/不适合 有效/无效	文化 人为世界

最后，还可以通过标准化测试、自编量规等方式对学习结果进行测评。斯滕伯格等拟定了一套创造力开放题量规（表 5-6），供不同学科的老师加工、改编[①]。

表 5-6　创造力开放题量规

分值	回答
0	完全错误或离题
1	几乎不知道如何回答问题；答案几乎或根本与问题无关；“瞎猜”
2	回答不正确但与问题本身还是有联系的
3	回答部分正确或回答不完整
4	回答完全正确但是表述上存在错误；回答比较难理解，信息转述过于简单或者不充分（只言片语）
5	回答清晰、完整并完全正确，没有表述上的错误；回答是详尽的、深思熟虑的

依托国内外创新能力相关研究的理论基础，相关学者在整合相关研究成果的基础上融入创客教育的特有元素，开发出创客课程的评价指标体系，力争使其兼顾评价内容的一般性与创客教育的特殊性，以期对学生的创新能力进行科学、客观的评价，如表 5-7 所示[②]。

表 5-7　创新能力评价指标体系

一级指标	二级指标	三级指标	观测要点
创新意识	渴望程度	—	想要创造的热情
	创作目的	—	预先设想的创作行为目标和结果
创新思维	发散思维	灵活性	遇到问题时，个体能用不同思维方式想出解决办法
		流畅性	针对一个问题可以提出多种可能性或多个解决方案的能力
		独创性	做出新奇的事情或表现出与他人不同的能力
	形象思维	想象性	个体运用已有的形象创造出新形象
		直观性	通过图形、图像和形象性事物等，能用感官感知的符号表达想法

① 罗伯特·斯滕伯格，琳达·贾温，埃琳娜·格里格伦科. 教出有智慧的学生：为智慧、智力、创造力与成功而教. 杜娟，郑丹丹，顾苗丰，译.福州：福建教育出版社，2012：69.

② 申静洁，赵呈领，周凤伶. 创客教育课程中学生创新能力评价研究.现代教育技术，2018，28（10）：120-126.

续表

一级指标	二级指标	三级指标	观测要点
创新思维	直觉思维	再认	再次体验曾经感知过的事物时会产生似曾相识的感受
		顿悟	突然的领悟，也称为灵感
	批判性思维	解释	阐明各种不同经验、判断、程序等的意义与重要性的技能
		分析	识别问题、概念、观点等表示形式之间推论关系的技能
		评估	①评价表述或其他呈现形式的可行性； ②评价陈述、问题等形式之间推论关系的逻辑能力
		推论	①识别得出结论的必要条件；②考量相关信息； ③得出结果
		说明	①陈述推论结果； ②根据结果所依据的概念、方法、标准等考虑其证明推理的过程
		自我调节	自觉调控个体认知活动及构成要素，并引出结果
创新技能	创作实践	知识基础	掌握理论与实践必需的事实性知识、概念性知识与程序性知识
		发现问题	能预见潜在问题或已存在的问题，以确定创作内容、规避错误
		设计方案	在资源利用、时间安排、项目选择等方面制订合理、可行的计划
		实践方案	基于设计方案合理整合资源，在动手实践过程中解决已发生或潜在的问题，形成物化作品
	创作成品	新颖性	不同的设计角度、制作方法或赋予作品新的内容含义
		技术性	综合使用多种平台工具，生成对其具有一定难度水平的作品
		实用性	创作的成品能够在生活或学习中使用

研究者认为，创客教育评价应建立在深度剖析创客教育目标的基础上。以创客教育发展理念为基准的多元主体评价模式按参与主体所属介入角色，可划分为教师评价、组内评价、组间评价、学生自评四类，结合发展性评价和总结性评价的评价方式，根据评价主体对学生个体学习过程中各组成部分的熟知程度，有针对性地对学生的创新意识、创新思维、创新技能的整体或部分内容进行客观评价，实现促进性、全面性、多方位的评价理念，以支持学生身心和谐发展，如图 5-14 所示。

本章构建了指向创造力发展的设计型学习的模型，并给出相对宽泛的教学设计建议。应当承认，任何一种理论模型都有它的适用边界，也有它的应用情境要求。如果我们把模型看成是所设计的“人工制品”时，此时我们才完成了“原型”阶段。我们仍需要借助“测试”收集反馈，以确定“原型”是否切合目标、是否能良好运作、是否存在可改进的地方，为下一步科学探究或设计探究提供前提。下一章将利用模型审视当下基础教育中含有设计活动课程的实施现状，并根据模型进行课程实施，就是对模型有效性做出实证“测试”。

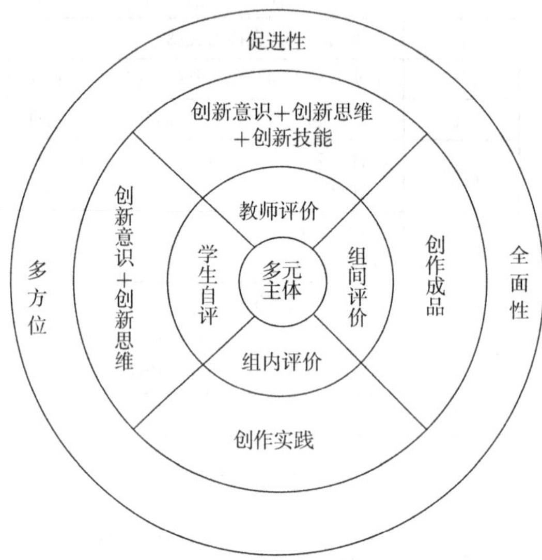

图 5-14　多元主体评价模式图

第 6 章 指向创造力发展的设计型学习模型实证研究

6.1 质性研究

6.1.1 研究思路与过程

为了解我国基础教育设计型学习的现状及其成因，本书特选取了包含设计活动的课程，利用理论模型对其教学设计方案进行质性分析。具体研究过程如下。

1. 研究内容

研究内容选定教育科学出版社小学科学六年级上册第二单元“形状与结构”第 8 课内容“用纸造一座‘桥’”，关涉典型的工程设计类知识与技能。该单元选取了几种最常见的形状结构，联系学生身边熟悉的事物，由浅入深地进行探究，最后进行综合和应用。第 1～7 课是探究形状结构的科学道理，第 8 课是设计科学合理的形状结构，安排了一个具有挑战性的设计制作活动——用纸造一座“桥”，是对学生综合运用知识能力、动手能力和创造能力的培养和评价。

2. 研究对象

通过实验学校和互联网，本书收集了该课教学设计方案 27 份，删除重复方案及过于简单方案共 6 份，剩余 21 份，它们分别来自江西、浙江、江苏、四川、河北 5 省。

3. 研究工具

以第 5 章提出的指向创造力发展的设计型学习模型和教学设计策略为依据，从目标、内容、活动和评价四个角度对教学设计方案进行分析。编码工具为澳大利亚 QSR 公司开发的计算机辅助质性数据分析软件——NVivo12。

4. 数据处理

具体分析步骤如下：将所有教学设计方案转为 docx 格式文档，导入 NVivo12；逐个文档、逐段进行编码；经历了两轮编码，第一轮为开放编码，第二轮为主轴编码。以下就编码内容及结果做具体分析。

6.1.2　研究结果与分析

1. 目标

21 份方案中有 17 份的目标表述雷同，均源于与教科书配套的教学参考书，如表 6-1 所示。

表 6-1　17 份方案中的目标描述

目标	维度	表述
1	知识与技能	科学概念：设计和建造桥需要综合考虑许多因素，如造桥的要求，材料的特性和数量、形状和结构等
2	过程与方法	经历设计、制作、介绍交流的过程，体会设计的重要性。应用形状结构的知识及经验设计和制作
3	情感、态度、价值观	发展乐于动手、善于合作、不怕困难的品质。发展尊重他人、认真倾听、敢于发表意见的品质

其他 4 份中 2 份语意不详，1 份未描述课程目标，1 份的表述为让孩子们学会分析问题，用学到的形状和结构知识来解决问题，并亲自动手，以团队合作的形式实现自己的解决方案。

从目标表述而言，我们不难看出，教学参考书对教师开发教学方案的影响深远，教师似乎陷入盲从状态，下意识默认教学参考书中的提示，未结合当下教育情境、学生学情对课程目标做出二次开发。借用安德森的教育目标分类表检视表 6-1 中的目标 1 与 2，我们发现，学生活动学习的意义仅在于记忆、理解和应用概念性知识，并应用程序性知识（表 6-2）。尽管在教学中，许多老师组织了小组汇报，并让其他小组做出评价，但评价却未在目标描述时出现，而“创造”或“创造力”在 21 份方案的目标中均未提及。

表 6-2　17 份方案中的目标分布

知识维度	认知过程维度					
	1. 记忆/回忆	2. 理解	3. 应用	4. 分析	5. 评价	6. 创造
A. 事实性知识						
B. 概念性知识	目标 1	目标 1	目标 2			

续表

知识维度	认知过程维度					
	1. 记忆/回忆	2. 理解	3. 应用	4. 分析	5. 评价	6. 创造
C. 程序性知识			目标 2			
D. 元认知知识						

2. 内容

共有 10 份方案对课程内容进行了分析。教师们对本课内容的理解多为“是一节制作与探究相结合、科学教育和技术教育相结合的科学课，涉及了研究问题的确立、对重要条件的控制、方案的选择与制订、数据的整理与分析等过程，也包括了学生对研究过程的反思与相互评价，整个教学过程使学生逐步领会科学的本质”①。

“本课主要有两个活动，第一，用纸造桥要考虑哪些问题。这一活动是本节课教学的重点，需要学生综合考虑很多因素，如材料的特性和数量、形状和结构、部件的组合和连接等。第二，介绍、评价我们的桥。在这两个活动中，学生将经历设计、制作、介绍、交流的过程，体会设计的重要性，将学习应用形状结构的知识及经验进行设计和制作；将培养学生乐于动手、善于合作、不怕困难、尊重他人、认真倾听、善于发表意见的品质。”①

以上表述可从配套教学参考书中找到。教学参考书无疑为教师开发课程提供了思考的“脚手架”，但它只是提供一种参考，却无意成了规定。教学参考书中对教学活动的设定基本能勾勒本书所定义的设计的轮廓，但遗憾的是，其反映的活动思路却是控制的、预设的、线性的。如先明确用纸造“桥”要考虑哪些问题，等于告诉了学生结论，之后的介绍评价我们的“桥”，尽管经历了设计、制作、介绍交流的过程，但此类活动与其说是探究未知结论，不如说是进一步验证已知结论。

上溯到本单元的内容安排，第 1～7 课是探究形状结构的科学道理，第 8 课是设计科学合理的形状结构，也反映出同样的思路，即告知结论、验证结论。这样的流程与探究学习的假设-验证-结论相去甚远，赋予学生的思考空间、活动空间都是极其有限的。此外，无论是本单元课程的开发者、教学参考书的编写者，还是一线教师，都未意识到设计之于学习的价值、之于创造力发展的意义，仅将设计等同于计划，之后的活动仅是围绕计划忠实地执行。

① 资料来源于教师教案。

3. 活动

教师对课程内容与目标的理解决定了教学活动的形式。尽管在 21 份方案中，设计作为高频词出现了 405 次，但在活动流程中却只见设计之形，难见其神。以下对常见的教学活动流程加以分析。

1）共情

方案中多以导入一词描述该环节，大多是以复习概念知识的形式进行。例如，复习导入。学生复习：观察这几种桥，它们在形状结构上属于哪些种类？造桥的材料是什么？桥面的形状分别有什么特点？每种桥要提供两个不同角度观察的图片。学生观察后集体交流（教师在学生交流时引导复习：薄板型桥面为了增大抗弯曲能力而通过改变形状增加厚度）。或直奔主题“今天我们利用所学知识来自己造桥”。

21 份方案中仅见 1 份以真实问题做“共情”①，还有一份方案以一个虚拟的故事做情境导入，先讲一个故事来吸引孩子的注意力：（配合播放 PPT）在美国的西部有一个大峡谷，山姆大叔住在大峡谷的西面，他每天需要开车一小时到大峡谷东面的采石场去工作。现在，我们要帮他设计制作一座桥，让他只用花五分钟就能从他的家开车到采石场。我们所知道的就是大峡谷宽 25 米，而山姆大叔和他的车加起来重量是 2 吨，那么我们若要帮他设计这座桥，应该考虑哪些因素？

2）界定

教师在此环节多采用“教师问-学生答”的方法，对造桥的要求（标准）、限制（时间与资源）、所用的学科概念、设计难点做出说明。如在规定的时间里，用一张报纸、少量的胶带建造一座“桥”，要求“桥”能跨越 25 厘米宽的“峡谷”，“桥”面宽度大于 10 厘米，能承载 200 克重的“车辆”。1 位老师在巩固所学的科学知识时采用了以填空题进行课堂测验的方式。

3）构思

构思环节中，多数教师利用先小组讨论而后问答交流的方式，引导学生思考用纸造桥涉及的问题：①考虑纸的特性，纸承受力的特点是抗拉而不抗压及抗弯曲能力很差。纸是薄板型材料，要考虑怎样增强它的抗弯曲能力（改变形状）。②我们的桥选择什么样的形状和结构？③纸是限量的，桥由哪几部分组成，各用多少材料造成，怎么牢固地连接在一起。同时，有老师表示不能把重点过于放在引导学生上，往往很难从学生那里得到自己想要的答案。不要和学生的答案纠结不清，那样会影响整个课堂进度。

---

① 给孩子们展示哈尔滨阳明滩塌桥事故及原因，http://news.qq.com/a/20120920/000198.htm，思考：针对这起塌桥事故，你有什么感想？（请 1～2 名学生谈）。

多数老师都借用教科书提供的工作表单（表 6-3），作为辅助学生思考的“脚手架”。

表 6-3　工作表单：“桥”的设计方案

桥　名		
设计要求	能跨越 25 厘米宽的“峡谷” 两车道，可以让“车辆”对开通过 能承载约 50 克重的“车辆”4 辆及以上	
使用材料	一张旧报纸；少量的胶带或胶水、剪刀、尺子	设计简图
结构说明		
制作步骤		

多数老师在“界定”阶段明确了需要用到的科学知识，因此在“构思”阶段只是提示学生可能遇到的困难，并提供相应的帮助。在解释了相应的概念及应用策略后，由“构思”环节直接进入“原型”阶段，原本期待的奇思妙想没有机会发生。

但有 2 位教师在“界定”阶段未明确所需的科学知识，而是让学生集中讨论可能需要解决的问题，赋予学生一定的自主空间。在明确问题后，学生进行自主设计，之后没有仓促地进入“原型”阶段，而是选择部分设计方案做汇报交流，然后再进行“原型”创建（表 6-4）。

表 6-4　“界定”阶段未明确所需的科学知识的范例

范例	评析
一、小组合作设计 …… 2. 学生个人思考：我们学过哪些增加抗弯曲能力的方法？学生回答后，老师总结：①可以通过改变桥面的形状来增加抗弯曲能力，例如 OL∪W 形等。②通过改变桥的结构增加抗弯曲能力，例如拱形、索桥、模型等（教师板书） 3. 老师出示课件，瓦楞纸板桥、三角模型桥、目字模型桥、拱形桥、钢索桥等 4. 学生小组合作：在实验报告上画出设计图纸（教师巡查指导）	学生在“构思”中的否定、修改、“无厘头”等，其实是学生认知结构发生“创造”的表现；教师应积极提供给学生发散思考、反思的机会；容忍一些模糊观点，“学生提出适当建议”可发展学生的评价能力
二、展示改进设计方案（集体梳理知识） 1. 学生展示小组的设计方案，（2 组）派代表简单介绍设计时如何解决使纸桥在小车压力的作用下不发生弯曲和破坏的问题 2. 其他各组学生提出适当建议（教师根据其他各组学生的建议适当提示：怎样牢固地连接各部分） 3. 学生小组再次改进设计方案（可以重新设计画图，也可原图修改）	

4）原型

对于作品的“原型”过程，21 份方案均对此描述不详，寥寥几语带过。如“动手制作”“学生分组合作做桥，教师巡回指导”“老师巡视整个教室，帮助解决合作方面的问题”。究其原因，可能是因为：①多数教师认为此环节仅是对构思结果的忠实执行，无须赘述；②无法预期在此环节将出现的问题，所以无法提前规划；③即便出现问题，那是少数学生的理解或制作过程出现的小插曲，无须重视。

然而，其中有 1 位教师为学生提供了任务跟踪单，并提示学生进行“设计项目”管理（表 6-5），这是发展学生程序性知识、元认知知识的有效“脚手架”。

表 6-5　设计项目管理单

设计我们的桥				
班级：	组长：	材料管理员：	时间管理员：	绘图记录：
（请图文并茂地说明各部分用到的形状或结构，标明尺寸）				
初始设计图		调整改进		最终设计图示

5）测试

21 份方案均采用小组公开汇报的方式对设计成果进行展示，除拿 200 克重物对纸桥进行测试外，大多数教师还引导学生从以下角度进行介绍：

①设计的想法是怎样形成的，出示设计图或设计过程。

②应用了哪些形状方面的知识。

③应用了哪些结构方面的知识。

④我们的桥哪里受压力，哪里受拉力……

⑤制作过程中遇到了什么困难，怎么解决的。

⑥哪些地方限于技术，做得不够好。

⑦哪些地方是具有明显优势的。

⑧预计能承受多少重量。

有 2 位老师的作品展示环节十分精巧，引导学生主动参与。需要指出的是，尽管 15 位教师在“界定环节”已明确最终的评价标准，但在最终的展示环节，教师们都重申、细化了之前的标准。有 4 位教师在原有标准基础上，做了调整和更新。尽管我们承认设计过程中 FBS 的动态性，但标准的更新及其原因应及时告知学生，而评比之前再告知，容易让学生误解标准是无缘由的“朝令夕改”。如此看来，老师在展示之前调整评价标准，更容易让学生措手不及。

4. 评价

21 份方案都以小组作品展示、教师及其他同学评价的方式进行评价，评价的内容主要包括学生对科学知识的理解、桥最终的功能是否达标、小组合作、作品省材及美观等方面。因为在课程目标中缺失对高级认知能力“创造力”的认识，所以评价环节未出现创新或创造也不足为怪。

6.1.3　研究结论与讨论

通过对结果的分析，我们不难发现，部分国内小学科学教育中某些含有设计内容的课程，尚未实施真正意义的设计型学习，未能挖掘其对创造力发展的功效。具体表现在：①目标聚焦在概念性知识及低端认知能力（记忆、理解、应用）上，未强调对“创造力”的培养；②内容上，将设计视为综合应用、巩固已有科学概念的计划、制作活动；③活动多体现为预设的、线性的、控制的“伪探究”活动；④评价多为总结性的作品评价，未实施过程性评价。

其背后的原因十分复杂，大体包括：①基础教育阶段的课程结构较为固定，就时间而言，45 分钟一节课，进行真正意义的设计型学习比较困难；就课程内容而言，按学科知识体系组织的内容壁垒森严，而设计型学习强调的是多学科知识的综合应用。②常见的高额成班率使得教室人满为患，对教师开展创造性教学提出挑战。③教师似乎只是课程标准和计划的忠实执行者，不愿、不会对课程进行二次开发，课程实施是典型的“忠实取向”，离“相互适应取向”“创生取向”相去甚远，这可能是教师的时间、精力和知识结构带来的局限，如在方案收集过程中，有教师向研究者反映“上次您听的我的课，那是精心‘做’出来的公开课，平时的课哪能花那么多时间去准备啊，都是从网上下些教案来改改……”[①]④课程开发者、教参编写者、教师都未意识到设计型学习对创造力发展的意义，陷入了“集体无意识”状态。

总体看来，本书提出的“指向创造力发展的设计型学习模型”检视基础教育设计类课程的实施现状，具有一定解释力，同时也发现，当下利用设计作为一种

① 资料来源于教师教案。

学习方式以促进学生创造力发展的现状不容乐观，因此，我们更有必要以观念带动操作，以小见大地研究、宣传与推广指向创造力发展的设计型学习。

6.2　准实验研究

6.2.1　研究思路与过程

为验证指向创造力发展的设计型学习模型的有效性，特设计该准实验。具体内容如下。

1. 研究对象

随机选择国内中部某省某城镇实验小学 6 年级 2 个教学班（由于学校的统筹安排，我们不能人为地把上述 2 个班随机分成 2 个被试组进行“真”实验研究，只能在自然情境中进行“准”实验）。其中 1 个为实验班，学生人数为 65 人，其中男生 38 人，女生 27 人；另 1 个班为控制班，人数为 66 人，其中男生 36 人，女生 30 人。

2. 研究方案

采用双组后测的准实验方法。在该实验中，实验自变量为学习类型，因变量为教学效果，其他均为常量。实验班引导学生进行设计型学习，控制班则按传统方法学习。由同一老师对不同班级授课，先在控制班用传统方法上课，后用设计型学习方式在实验班上课。一次课，共 2 课时 90 分钟。授课教师 S，女，28 岁，本科学历，教龄 6 年。

后测采用两种方式，一项是课后测试题，根据课程中的概念知识，自编测试题（见附录 1），要求学生课后闭卷完成。另一项是作品评价，依据本书对创造力及创造力层次的定义，参考瑞斯的学生产品评价表格（student product assessment form），自编作品评价量表对作品进行评分（表 6-6）。

表 6-6　学生作品评分表

	个体	社会
新颖-独创	D：0-1-2-3-4	B：10-11-12-13-14
适用-价值	C：5-6-7-8-9	A：15-16-17-18-19

评分表分四个区间 D、C、B、A，分别对应创造力层次Ⅰ（个体创造一些对自己来说是新颖的、非习惯性的产品）、Ⅱ（个体创造一些对自己来说是新颖的、非习惯性的、对个人有价值的产品）、Ⅲ（个体能够创造一些对自己来说是新颖的、有价值的、对社会文化来说是非传统性的产品）、Ⅳ（个体能够创造一些对自己来说是新颖的、对个人有价值的、对社会文化来说是非传统性且有价值的产品）；每个区间分 5 级赋值计分。

需说明的是，第一，在学生开始设计之前，教师将向他们介绍该表格的评鉴内容与步骤。第二，关于作品对个体的新颖性与价值性，要视学生年龄、水平和经验背景而定。例如，不能拿高中生作品标准来衡量小学六年级学生的设计作品。简单地说，确定作品对个体而言的新颖与价值分值时，必须考虑到学生的教育经验、机会、进阶水平、资源、材料和设备的可获得性等条件。此外，该测试卷与作品的评分请两位未授课的小学科学教师完成，取两份评分的平均分做分析，评分时隐去测试卷与作品的出处。

考虑到准实验干预仅一次课（2 课时，90 分钟），而创造力的发展是个长期的过程，且有内隐、长效显现的特征，故不采用现有的发散思维、人格特质的创造力测量量表做后测。创造性情境是预测创造力的有效要素之一，且创造性情境中包含的行为外显易观察，所以，本书采用课堂创造性情境观察结构表，对课堂视频进行分析①。尽管创造性情境的观察维度较丰富，但从科学性与可操作性角度衡量，本书最终确定了学生活动与材料的丰富程度、学生发散思维程度、教师鼓励动机氛围的性质、学生掌握教学主动权的程度 4 个观察维度，并以这 4 个维度为切入点，探讨其他维度的情境特征。

对课堂视频编码前，培训两位课程与教学专业硕士研究生作为编码员；请 2 位编码员借此观察表对其他视频进行背靠背预编码后，向他们进一步解释与澄清条目内容，随后进入正式编码阶段。除以上两种后测方式外，补充教师访谈，进一步了解情况。

3.“用纸造一座‘桥’”设计型学习方案

按指向创造力发展的设计型学习理念，对实证研究中最靠近该理念的教学设计方案进行修改。修改后征求原方案创作者及准实验上课教师的意见，进一步调整后定稿（表 6-7）。

① 选编丹尼开发的《教室创造力观察清单》［CCOS：Classroom Creativity Observation Schedule，1966，形成封闭式结构观察表（见附录 2）］。

表 6-7 “用纸造一座‘桥’”设计型学习方案

方案	说明

1. 课程内容分析

“用纸造一座‘桥’”是六年级上册第二单元的最后一篇课文，所以既是对本单元所学知识的巩固复习，也在一定程度上考查了学生对所学知识的应用能力。本节课为学生提供的主要材料——纸，既易于裁剪，又比较结实，作为建筑材料，它最大的缺点是抗弯曲能力很差……所有这些特征，可以为“小小建筑师们”提供很大的想象和创造的空间，利于学生们在经历设计、制作和交流评价的过程中，发展诸方面的能力。

2. 学情分析

六年级的学生已经多次接触设计制作类课文，如“做一个指南针”“做一个生态瓶”“做个太阳能热水器”“减少对土地的侵蚀”“设计建造我们的家园”“设计制作小赛车”等，知识面有所拓宽，动手能力有所提高，已经学会开始用科学的方法、思维解决实际问题，初步具有目标明确的设计制作能力，并有一定的自探自悟意识，但还是需要教师适时地引导，尤其是制作过程中的一些技术指导。在长期的科学探究学习过程中，学生已形成一定的团队合作意识，能协力去达成目标。有一定的介绍、评价科技制作成果的能力，但往往局限于表象。通过本单元前部分的学习，学生已经了解了薄板型材料增加抗弯曲能力的方法、桥的不同结构，用纸造一座“桥”，他们已经能从形状、结构等知识的角度考虑达成目标，但预计综合应用时往往显得顾此失彼，不够周到。

3. 课程目标

3.1 通过问题分析，明确造桥的要求、材料的特性和数量、形状和结构等

3.2 通过合作、交流与反思，利用形状结构等知识，设计创造出合乎标准的纸桥

3.3 在小组汇报中，合理地介绍、评价设计作品

3.4 能进一步探究活动中的总结或拓展形状结构等知识

知识维度	认知过程维度					
	1. 记忆/回忆	2. 理解	3. 应用	4. 分析	5. 评价	6. 创造
A. 事实性知识						
B. 概念性知识	3.1	3.1 3.4	3.1		3.3	
C. 程序性知识			3.2	3.2	3.2	3.2
D. 元认知知识			3.2			

4. 课前准备

4.1 学生：2 张报纸、剪刀、胶带、胶水、订书机、直尺、彩笔等

4.2 教师：PPT、计时器、设计表、钩码、报纸、桥墩、纸箱、摇铃、纸管等

5. 课程活动（90 分钟）

5.1 共情（5 分钟）

（先讲一个故事唤起学生的情感共鸣，意识到设计制作桥的必要性与价值。）

走路上学，对我们每个同学来说是再平常不过的事情。但是，对有些家住在大山里的孩子来说，走路上学，却是一种奢望。教师想跟你们讲一个真实的故事，在云南怒江边上的娜香和瓦娃小姐弟俩，为了到江对面学校去上学，不得不每天命悬一线地溜索过江。有一天，姐姐为了给弟弟送双鞋，坐上了溜索，这时，意外发生了……（播放视频《走路上学》主题曲）

值得欣慰的是，2013 年 9 月交通运输部、国务院扶贫办下发了《“溜索改桥”建设规划（2013—2015 年）》，要把全国 290 个溜索改建为大桥。同学们，我们能用智慧为这些大山里的孩子做些什么吗？……

今天，教师就想和大家一起做个纸桥。如果峡谷宽 25 米，而校车和孩子加起来重量是 2 吨，那么我们若要设计这座桥，应该考虑哪些因素？

说明：原有的“山姆大叔”离学生似乎远了点。从身边的需求入手，能够唤起孩子的责任感，提高对任务的兴趣与投入

续表

方案	说明
5.2 界定（20 分钟） 5.2.1 界定问题（1 分钟） （教师界定问题）在这堂课，我们会用报纸、胶水和不干胶来代替造桥的木板、钢材和水泥等，当一次桥梁设计师，目标就设定为：桥的跨度不小于 25 厘米，宽不小于 5 厘米，承重至少 200 克，用放钩码的办法来计算承重。 5.2.2 明确标准（5 分钟） 在开始之前，我们先来回答几个问题：我们要做的桥要满足哪些条件？（组织头脑风暴）还有呢？（这里，看看孩子们能否回答出：需要跨越峡谷、必须平稳牢靠、要确保安全性、新颖、美观……）（引导回答：桥的跨度≥25 厘米，宽≥5 厘米，承重≥200 克）[教师把要求的几点条件板书在黑板上] 制作完成后，我们请全班的同学来当评委，评选出“最结实的桥”“最新颖的桥”“最安全的桥”。 教师还要把优秀作品的照片上传到网上，大力推广和宣传，希望有关设计部门能够关注到我们的成果。 （教师出示讲桌上的桥墩）这个代表峡谷两岸，今天这次课由于时间很紧，我们各组先只负责制作桥面部分，不要求做桥墩，最后老师重点从以上这些要点来评价你的桥。 5.2.3 了解限制与条件（14 分钟） 好的，我们的目标清楚了，那么，我们有哪些资源和材料？（报纸、胶水和不干胶等） 好的，那么，请问同学们，报纸有什么特点？（软、不可靠、太长了会断、薄等）（可以请同学自己演示，如果直接把报纸放在 25 厘米空隙中，砝码掉落） 很好，看来直接使用材料乱做是不行的，还得有设计，优秀的桥梁设计师一定会思考如何增加桥梁的抗弯曲能力和承重力！好，那接下来先让我们简单回顾前期所学到的有哪些形状与结构抗弯曲能力和承重性能好，然后再来设计一座桥。 （展开第二轮头脑风暴，进行知识点回顾。把由学生汇总的形状、结构的名字和示意图列在黑板上。）	小组合作学习的展示阶段容易出现乱场。很多学生不耐烦当观众。此时，委派他们当评委，让他们利用所学的科学知识去评价，不仅维持了注意力，还发展了高级认知技能评价。把作品推向社会，会进一步增强孩子的责任感。
5.3 构思与原型（约 30 分钟） 5.3.1 构思（10～15 分钟） （实物投影出示设计表） 孩子们，请综合运用前面所学的有关形状与结构的知识来设计一座符合要求的桥吧！请各小组商议好了然后在这张设计表上以图文结合的方式画出设计示意图。需要说明的是，我们可能要经历几次的设计，因为如果按照第一次设计进行制作的时候，也许会遇到这样或那样的不足。这时候，老师鼓励大家重新改进设计。如果发生改进的话，那也请你们把改进过程示意图画出来。 那么，在大家开始合作之前，老师还想追问一句：1.为什么昨天我们各组要选出组长、材料管家、时间管家和记录绘图员？2.设计和制作过程是不是只是某一两个所谓能干同学的事？看来大家都明白：是否能高效团结合作是每个组最终能否圆满完成任务的关键所在。好，各组的记录绘图员来领设计表，第一轮设计的时间限制在 10～15 分钟，后期 15～20 分钟进行制作、修改。 当我们第一轮设计结束后，也就是 10 分钟后，我们请小组代表用一句话介绍下你们设计桥的特点，告诉大家你们给桥取的名字。（如天使之翼、擎天柱……） 现在开始设计（摇铃）！	此处只是提示思考问题的角度，而不是引导学生统一答案。真正的答案是需要学生在构思、原型、测试等环节去发现的
5.3.2 原型（15～20 分钟） （预计这当中会出现许多意想不到的发现。教师应搭建合适的“脚手架”，促进学生的创造力发展） 教师巡视整个教室，帮助小组进行时间管理、资源管理、分工合作等，辅导学生解决构思及原型中的具体问题。鼓励学生进行归类、比拟、辨别、变化、重组、反思；教师要容忍模糊的事物，鼓励学生进行发散性思考，辅导学生从错误或失败中学习 在这个过程中，帮助先完成的学生测试重量和跨度，随后在最终评审的时候，无法通过标准但是用心制作的“桥”可以给予其他正面评价	设计和制作很难做线性区别，更多地表现为非线性的迭代设

续表

方案	说明
5.4 测试（20 分钟） 5.4.1 演示 最后，让愿意上台展示的组展示桥的模型（每组 1～2 分钟） 演示时应从问题入手：我们设计的这座桥……可以跨越（实际长度）的峡谷……桥面是……能通过载重（　　　　）克的车……我们桥的特点是…… 学生围绕作品的特征进行质询与答辩 教师任总评委，其他小组任评委。评出“最结实的桥”“最新颖的桥”“最安全的桥”……同时，教师也兼任评委的评委，即通过各小组给出的评价结果，判断哪个小组是最敬业、最专业的评委组 （教师设立最敬业、最专业的评委组，是为了避免学生的起哄和人情分。当然，最后要肯定每个小组其实都很敬业、专业。） 5.4.2 学生反思 请学生分享碰到什么样的困难，又是如何克服困难的经历。引导学生加深对结构与形状知识的理解	计。这是专业设计当中的常见现象，鼓励孩子正确面对这种不足，记录过程，查找原因，从中巩固对科学概念的认识
5.5 探究（迭代设计）（15 分钟） 教师提高标准，如果承重≥300 克，同学们还有什么好主意？可以引导学生提出假设并进行验证、得出结论。此时不一定需要精密的构思和原型，在原有纸桥的基础上进行简单的改装，验证形状、结构与承重力的关系 教师总结 ……孩子们，这是一节有意思和有意义的活动课。我们不仅进一步熟悉了形状与结构的科学概念，还发挥了自己的聪明才智进行设计创造，为山区孩子排忧解难，你们表现出的助人为乐的精神和社会责任感，让老师十分感动，老师为你们感到骄傲！ （布置课后测试题，要求回家闭卷完成，第二天上交。） 附 1：设计表（A4 纸横向排版） 设计我们的“桥” 班级：　组长：　材料管理员：　时间管理员：　绘图记录： （请图文并茂地说明各部分用到的形状或结构，标明尺寸） 初始设计图　　　调整改进　　　最终设计图	30 分钟学生自主控制，容易出现迷向。插入 1～2 个汇报或命名环节，提醒学生做阶段性总结与反思，做标准对照，并为下一步行动明确方向

附 2：作品评分表

评分表

	结实（10 分）	安全（10 分）	美观（10 分）	新颖（10 分）	省材（10 分）
1 小组					
2 小组					
……					

控制班按传统方式授课，具体步骤如表 6-8 所示。

表 6-8　传统学习方案

步骤	环节	过程	时间
1	导入	教师谈话：前一段时间，大家观察和研究了一些常见的形状与结构，对于我们周围许多各式各样的物体的形状与结构也进行了研究，就在上节课，我们一起研究、观察了生活中常见的桥，这节课大家就用学到的形状与结构的知识，设计、建造一座自己喜爱的“桥”	1
2	明确设计要考虑哪些问题	教师问—学生答。呈现制作材料，明确制作要求： ①讨论：让我们先来做设计，那么设计桥时都要考虑哪些问题？（结合学生的实际讨论生成以下问题的教学。） ②用什么材料？ （教学要点：出示固定桥墩的支架，明确设计的桥跨度一定，中间不可有任何材料连接至地面作支撑，不需制作桥墩。） （教学要点：出示卡纸、吸管和塑料管、透明胶、毛线，课前每一小组放一包，材料各 1，要求学生观察材料，注意观察研究材料的特性。） ③怎么解决桥的承重问题？ （教学要点：出示卡纸，明确桥面的大小。引导研究卡纸的特点，明确制作出的桥要用钩码来检验其承重能力。讨论：用卡纸当桥面，设计时要考虑解决哪些问题？） ④用什么形状和结构？ （教学要点：观察研究这些材料的特点，你设计的“桥”会选择怎样的形状和结构，具体怎样使用这些材料呢？设计成拱桥，该如何使用这些材料？哪部分要哪种材料设计成拱形？要设计拉索桥，又该如何使用这些材料？如何提高各种材料连接结构的牢固性？这些材料间如何连接？） 老师出示课件，展示瓦楞纸板桥、三角模型桥、目字模型桥、拱形桥、钢索桥等	25
3	设计	动手制定设计方案。教师出示关于“桥”的设计方案表，巡视。学生小组合作，在实验报告上画出设计图纸	15
4	动手制作	学生分组合作做“桥”，教师巡回指导。教师提供少量已做好的纸管	25
5	介绍、评价我们的“桥”	①展示作品 请学生讨论分别从几个方面去评价这些不同形状的“桥”模型，教师提出要求，板书如下：我们的“桥”展示评奖大会——最佳作品奖、最佳评委奖、实用奖、省料奖、美观奖、新颖奖 ②承重能力测试，逐一测试 ③全班汇报交流（教学要点：重点抓学生的反思，即从构思到制作过程）教学要点：评价的时候，让学生关注a.技术与设计（是否应用了本单元学习到的形状与结构知识并达到效果）；b.节约材料；c.新颖；d.美观 教师小结：桥的设计和建造需要考虑的因素很多，如材料的特性和数量、形状和结构等。所以这节课我们造的“桥”还不是很牢固。但是通过大家的共同努力，不断改进，大家的“桥”一定会越来越牢固，越来越精致！	15
6	拓展——我们还能做什么？	利用投影展示一些制作纸桥的科技活动比赛，展示一些利用其他材料制作的各类“桥”，激发学生参与到利用更多材料设计、制作“桥”的活动中去（布置课后测试题，要求回家闭卷完成，第二天上交。）	9

6.2.2 研究结果与分析

1. 知识测试结果分析

对课后测试题分数进行非参数检验里的两个独立样本 *T* 检验。课后测试题的评分结果如表 6-9 所示。

表 6-9 知识测试结果

项目	平均分/分	标准差	p
实验班	45.97	3.36	0.85
控制班	46.63	3.13	

结果表明，两个班学生的测试题分数不存在显著差异。然而，试题源于依据教学参考书编写的题库。因此可以说，这两个班的学生，无论采用哪种学习方式，均能达成对概念记忆与理解的最基本课程评价要求。需要指出的是，尽管两个班的平均分数不存在显著差异，但控制班的平均分较实验班略高少许。

在国外的同类研究当中，有学者（德波等）发现，设计型学习更能够促进学生对科学概念的记忆与理解。而本书与已有研究结果存在区别，可能的原因有：①国外研究一般存在 4 周以上的干预实验，有的长达 2～3 个月，设计型学习的功效得以充分发挥。②本书的课后测试是在单元学习完成后立即进行的，学习与测试的时间间隔较短，可能尚未发生遗忘，若延长测试间隔时间，当遗忘干扰产生时，测试对科学概念的记忆与理解将更有意义。③本书测试题多为结构化封闭式题目，答案在教科书中多能找到，试题难度不大，因此区分度也可能不大。以上原因都可能造成两个班平均分差异不显著，所以我们可以推测，本书课后测试分数未发现两个班平均分差异，未必能说明设计型学习对于促进记忆与理解科学概念无效，因为对科学概念的记忆与理解的测量效果，取决于实验周期、测量时机和试题难度系数等综合因素的作用。

2. 作品创造力分析

实验班与控制班各有 9 个小组，请其他 2 位小学科学教师对这 18 份作品按表 6-6 学生作品评分表进行评价，课堂作品评分结果如表 6-10 所示。

表 6-10 课堂作品评分结果

项目	平均分/分	标准差	p
实验班	9.44	1.42	0.01
控制班	5.78	2.10	

结果显示，2 个班作品的综合成绩差异具有显著性。进一步访谈发现，评分教师对实验班作品的新颖性十分肯定，“非常有想象力，大人都做不出这么别致的‘桥’”。实验班的学生，得到的仅是老师对科学概念的提示，而非规定，教师也未提供明确的辅助材料（纸管）。教师在学生碰到问题时能及时点评，在构思环节积极引导学生的发散思维，给“桥”取名字，为创造提供了相应的文本提示。结果显示，学生的作品千差万别。有的学生超越老师给定条件，自制“桥墩”；有的作品则在功能上有所突破，可以承重超过 200 克的砝码。综合看来，这 9 份作品，对结构的创造多于对功能与行为的创造。

从作品的创造力表现分析，控制班的学生受教师在“界定”环节出示的案例影响较大，发生不同程度的固着。另外，教师主动提供的纸管也在一定意义上限制了学生发散思维的利用。对授课教师进行访谈发现，提供纸管的目的，是以前上课时，学生花费在卷纸管上的时间太多，为了节约时间，让学生花更多的时间在设计和制作上，他们提供了一些已经做好的纸管。学生作品与案例作品在很大程度上存在相似。

3. 课堂创造性情境分析

1）学生活动及所用材料的独特性

学生活动及所用材料的独特性指标指在观察单位时间“5 分钟”（一个时间段）内，大多数学生在大部分时间内所从事的活动或所用的学习材料的独特性，即个性化。其反面是整齐划一的标准化活动或材料。如全班阅读教科书、观看 PPT 等活动，即为标准化活动。个性化活动及材料计 5 分，标准化活动及材料计 1 分，无观察机会计 0 分。

表 6-11、图 6-1 显示，两个班在学生活动及所用材料的独特性上的表现差异显著。图 6-1 显示，在前 30 分钟及最后 10 分钟内，二者的差别尤为明显。实验班的界定、构思、科学探究中，多数学生的活动十分活跃，讨论（包括质疑、争辩、捍卫观点等）、看书、画图、构建、到讲台前测试等。而控制班中，只有少数学生表现活跃，多数学生像是听从指挥的成员，甚至部分学生始终表现出沉默的边缘参与。这可能说明，活动的性质不一样，唤起学生投入的程度也不同。

表 6-11　活动及材料的独特性得分分析

项目	平均分/分	p
实验班	3.56±0.59	0.02
控制班	2.91±0.92	

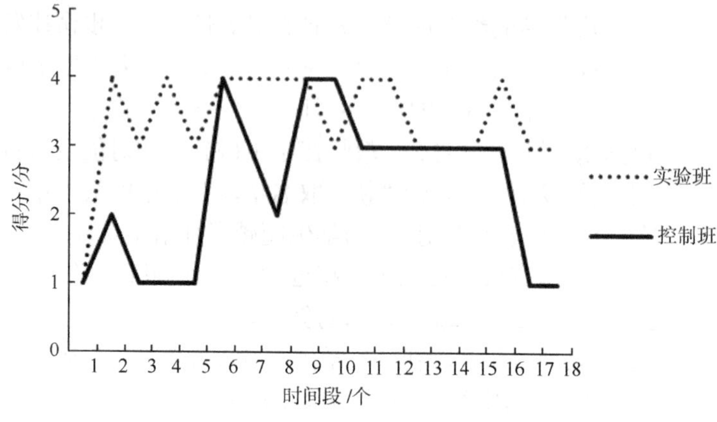

图 6-1　活动及材料的独特性得分图示

实验班出现的问题是真实、复杂的问题，同龄人身处艰难之境，容易唤起学生的共情意识，以及服务他人、帮助他人的责任感。这不仅提高了学生学习的兴趣，更重要的是可以调动学生学习的内部动机，进而增强学习投入。动机在创造力中的重要性已经得到完全证实，一个拥有强烈创造欲望的人，会比没有这种欲望的人更有可能做出创造性行为。缺少强烈的动机，个体的创造性潜能就不可能得到充分发掘，因为创造所要求的艰难工作此时并不是可持续的。内部动机和外部动机的不同之处在于，激发创造力的因素是任务还是目标。典型的内部推动因素关注任务，而典型的外部推动因素则关注目标，创造力在后一种情况下会受损害。与外部动机相比，内部动机是创造性成果的一个更有效的决定因素。研究中真实的且定义不良的问题增强或强化了内部动机，学生的学习投入更加充分，学习活动也更加丰富。

此外，真实的且定义不良的问题给界定问题、质疑假设提供了机会。研究中，实验班中“头脑风暴”的过程与结果都是开放的、非预设的，这使得学生有机会利用多种活动和材料进行探究。课堂里挫抑创造性思维的方式有：要求学生不惜一切地遵循教学计划；只让学生完成老师布置或课本上要求的题目；纠正学生那些他们认为有创造性的观点；当有学生试图在课堂上发表独特观点时，教师迅速指出其中的错误，一时找不到其中有什么错误时，就直接宣布这个观点是错误的、不切实际的或荒谬可笑的。这些都是可能挫抑创造性思维的举措。在控制班中，教师用问答的方式，逐步引导学生向预设答案靠拢，其间忽略了许多具有原创性的新颖观点，不能不说是一种遗憾。学生的积极反馈未得到应有重视，致使之后他们的学习投入不够、学习活动的丰富程度低，也属于情理之中了。

2）学生发散或聚合思维的程度

如前所述，设计型学习中同时强调发散思维和聚合思维的重要性。然而，在现实课堂中，教师大多惯性地组织学生进行聚合思维，而较少强调发散思维。因此，在准实验研究中，我们更注重考察在界定、构思与原型环节中学生的发散性思维表现。学生发散或聚合思维的程度考察的是学生在一定时间、区间内更多地进行聚合思维还是发散思维。以聚合思维为主计 1 分，而以发散思维为主计 5 分。从图 6-2、表 6-12 综合看来，两个班的整体水平都不算高，但彼此之间存在一定差异，尤其在“构思”和“原型”阶段，二者区别很大。实验班中，学生能提出较多的原创想法和答案；而控制班中，学生更多地在教师的引导下向预设的“标准答案”靠拢。

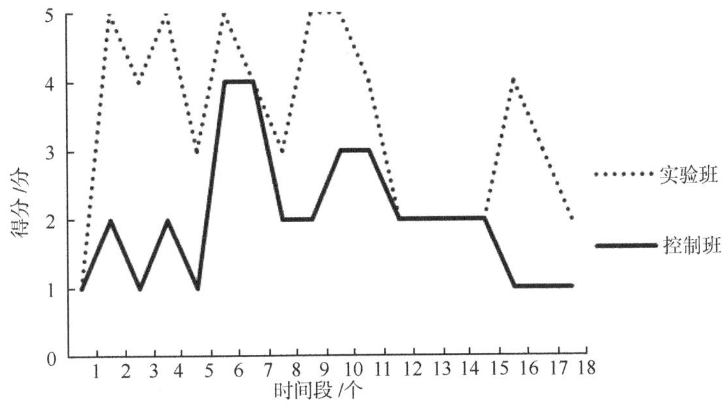

图 6-2　鼓励发散/聚合思维结果图示

表 6-12　鼓励发散/聚合思维结果分析

项目	平均分/分	p
实验班	3.88±1.17	0.03
控制班	2.44±1.02	

两个班前 25 分钟内发散性思维的程度差具有显著性，原因在于实验班此阶段组织了两次“头脑风暴”。“头脑风暴”是一种创造性思维活动，重在鼓励学生思维的流畅性（可以产生很多的想法）、灵活性（产生很多不同的想法）、原创性（产生不同寻常的想法）、深刻性（产生有意义的想法）。教师在鼓励思维的流畅性时，注重想法的数量而不是质量（延迟判断），尽可能产生多的想法（如合理添加）；在鼓励思维的创造性时，引导学生想出大家都会有的想法，然后努力想出别人都想不到的想法。在讨论“我们做的桥要满足哪些条件”时，学生们的答案异彩纷呈——“万年牢”“可以开坦克”“人间的彩虹”“永不分开的

桥”，尽管最后教师归纳出桥的标准：桥的跨度≥25 厘米，宽≥5 厘米，承重≥200 克，但发散思维的过程却给学生后期的构思与原型环节带来暗示，最终在作品中呈现出发散思维的结果。而第二次“头脑风暴”的内容侧重于对已学知识的复述，更像是对聚合思维的演练。

在第 40～60 分钟间，两个班的表现差异明显。此时实验班进入构思与原型环节，各小组在绘制草图时发生了争执、质疑与协商，图纸经多次修改。内容分析显示，此时学生不自觉地利用了组合、突变、类比等思维技法。如某学生从最早的拉索桥到变形拉索桥，再到最终的拉索与三角形结构组合的桥，经历了多次修改。否定拉索桥的理由是“时间太短，这个好难做”，而不采用拱形桥方案的理由是“材料不够用”。最终确定的组合方案，理由是“看起来蛮结实的”“还比较简单”。

事实证明，尽管最后受条件限制，学生们采用了最保险的方案，但草图反映出学生在寻求解决方案时已表现出思维的流畅性（在短时间内产生 5 个方案）和独特性（拉索与三角形的组合十分特别）。此外，进入科学探究环节，控制班的学生更多地进行聚合思维，进行标准化的学习；而实验班的学生由此进入“迭代设计”，并在修订设计方案的过程中探究科学概念与原理。

3）动机气氛

动机气氛主要考察教师的言行，反映出他与学生相处时的动机是积极还是消极的。此时观察者不仅通过语言本身判断动机氛围的积极或消极，更注重结合语言发生的情境进行评价。如在原型环节，教师对学生的不正确行为保持沉默，从表面上看，教师表现出冷漠的否定或消极的行为，但在具体情境中，该行为容忍错误和模糊，给学生犯错和继续探究的机会，事实上起到了正面的作用，因此可以被看作积极的。而在展示环节，教师以急促的语调提示学生上台时动作要迅速——“快点、快点”，这是看似在营造积极动机氛围，但却无形中使学生感到紧张和压抑，事实上起到了消极作用。

从表 6-13、图 6-3 可以看出，实验班和控制班在教师“动机氛围”上的得分差异具有显著性，说明教师在组织设计型学习活动时，更能够积极乐观地引导学生投入学习，如向学生描述将来可能取得的成果给社会带来的价值、鼓励学生“是这样的吗？换一种方法试一试看”“多想想”“你的主意真有新意”等。

表 6-13　动机氛围结果分析

项目	平均分/分	p
实验班	4.71±0.45	0.01
控制班	3.75±0.58	

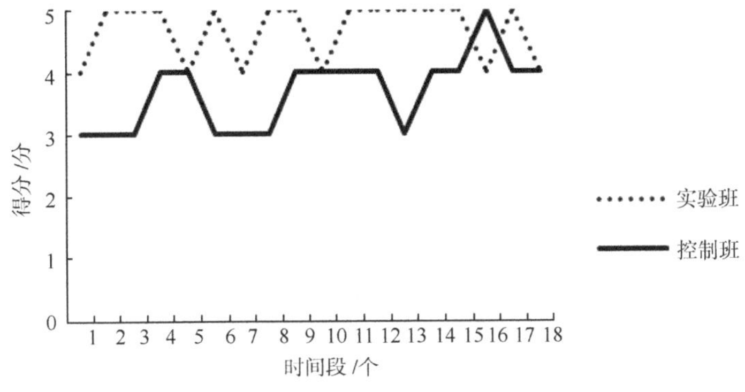

图6-3　动机氛围结果图示

教师这种激发学生的自信心、鼓励冒险意愿的做法，将极大地激发学生的创造性行为。胆怯无助于创造力，害怕失败、害怕暴露自己的局限，对创造性思维或者至少对创造性结果的公开化，是一个极大的障碍。自信来源于成功的经验，特别是那些过去很少经历成功的人，更需要这种激励创造性努力的环境。即使没有成功地达成创造性结果，努力本身也应该得到鼓励。应鼓励学生为其力所能及的目标做努力，而真正努力所导致的失败，则应当被看作学习机会，而不是让人难堪的窘境。

教师的鼓励与宽容还能够引起创造力表达的那种好奇心。这种好奇心体现在不愿对事物抱着想当然的态度，对各种解释的一种深切渴盼，以及对“显然”解释的怀疑。从不同寻常的视角看待事物的能力、改变自己观点和意愿的能力、当进展不大重新表述问题的能力，被视为是创造性思维的重要方面。好奇心有一种有趣的特征，越被包容，越容易成长。此外，教师的鼓励还能帮助学生树立积极信念。信念是影响个体取得思维和智力成果的重要决定因素。学习者需要相信，创造力在很大程度上是由动机和努力决定的。他们需要明白，没有主观意图和努力是极少有创造性成果的。有大量证据表明，大多数人拥有他们从来就不曾发现的潜力，如果坚持努力地去开发这种潜力，就有可能会成功。

4）学生控制教学主动权的程度

学生控制教学主动权的程度具体指学生参与控制教学的内容、进度、方向及方法的程度。在以教师控制为主的课堂中，存在教师宣布任务、测试、工作计划等流程，教师呈现学习内容、教师重复正确答案、学生复述正确答案、学生根据教师布置做汇报等现象。在以学生控制为主的课堂中，学生占有相对独立控制的地位，教师更像是小组的一个普通成员。图6-4、表6-14显示，两个班在此指标的得分存在显著性差异。实验班表现出更多的学生控制特征，而控制班表现出更多的教师控制特征。

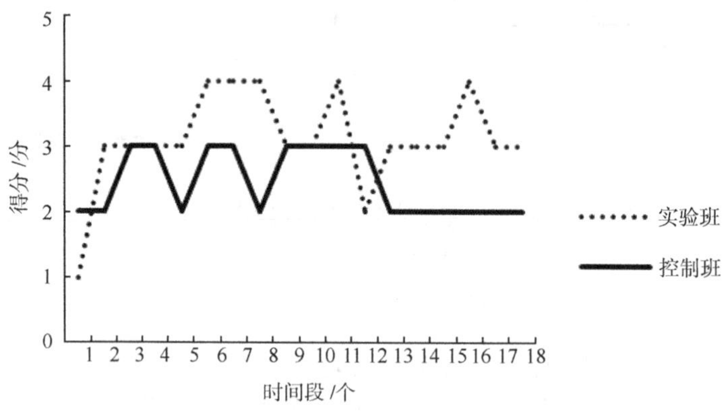

图 6-4　学生掌握教学主动权结果图示

表 6-14　学生掌握教学主动权结果分析

项目	平均分/分	p
实验班	3.28±0.62	0.01
控制班	2.54±0.50	

图 6-4 说明，在第 25～40 分钟（图中第 5～8 个时间段）内，即实验班的构思与原型环节，实验班学生能够积极地把握教学的主动权，实现一定程度的自我管理。自我管理指个体成为自我认知资源的积极的管理者，个体能够关注自己思想过程并对自己的思维承担责任。它包括了解自己作为一个创造性思维者的优势和劣势，并想方设法地发挥长处、规避短处。实验班学生能够更好地进行自我管理，很大程度上得益于“设计表”的使用。该“设计表”实际上是份设计管理工作单，其中体现了时间管理、任务管理、材料管理、努力管理等。在此“脚手架”的帮助下，学生能够有目的、有方法、有节奏地实现自我管理。而在作品演示环节，实验班学生体现出更多的主动性。这是因为标准在创造之前已经明晰，标准具有一贯制，且学生们参与了标准的制订，因此对其能产生更多的认同感。此外，展示中的“答辩”环节，出现了许多似是而非、自相矛盾的现象和说法，引发了学生们的质疑、争辩、捍卫自己观点等行为，但学生始终围绕之前制订的标准展开争辩，能够很好地控制讨论的内容与节奏，这不能不说是种进步。

需要说明的是，创造力的释放是需要一定宽松、民主的课堂氛围的，但这并不意味着为了不抑制创造力的发展，学生可以为所欲为。有学者指出，创造性对组织、纪律、自我约束和尊重传统与习惯的需要，与对自由、自发性和承担风险的需要一样重要的[①]。尽管创造力可能会被压抑的环境所窒息，但它也并不一定要在完全缺少约束的情况下培养；太少的结构约束同太多一样，都会抑制创造力的发展。挑战在于找到恰当的平衡——教会孩子去认识和尊重规则、边界和限制，同时又不抑制他们的创造力，而设计型学习就在试图提供这样的一种结构化指导。

6.2.3　研究结论与讨论

准实验研究结果表明，实验班与控制班在科学概念的记忆与理解上不存在显著差异，而在作品的创造力表现得分上，实验班的分数明显高于控制班。就课堂创造性情境而言，在学生活动及材料的差异性、教师鼓励发散或聚合思维、教师动机氛围、学生控制教学的程度上，实验班的分数均高于控制班，且存在不同程度的差异。两个班学生的设计作品创造力得分、课堂创造性情境得分表现出一定差异，说明设计型学习在一定程度上能够促进创造性行为，可进一步预测学生创造力的发展。

尽管准实验证明设计型学习对创造力有一定的促进作用，但我们必须承认，在目前我国基础教育一般情境中，这种作用仍是有限的。换句话说，当前的教育情境中的某些因素构成了设计型学习顺利实施的“限制条件”，具体表现为人的限制、时间的限制与空间的限制。

首先，国内高额成班率对实施个性化、小组协同设计学习而言是个无法回避的挑战。正如本次准实验显示，小组由 7 人构成（理想中的小组合作学习成员人数维持在 4～5 人较为合适），过多的成员容易形成分工、责任不明确的情形。尽管实验班上述两项的得分高于控制班，但授课教师却表示，实验班的课很乱，纪律差，上起来很累。一共 9 个小组，教师分配给每个小组及个别成员的时间较少，在学生需要帮助时，教师经常感觉到顾不过来，感觉到很累也在所难免。

这种班级规模式发展不可避免地带来“控制”、“效率”与“标准”的价值诉求，教师被迫成为帮助学生达成“标准”、追求“效率”的“控制者”：控制内容、进度、形式与效果，在事实上构成了对创造力发展的限制。无独有偶，有学者指出，美国布什政府的《不让一个孩子掉队》法案对绩效标准的追求，曾给创造性学习带来了沉重的打击，内容标准和基于考试的问责制与培养创造力绝非毫无冲突之处[②]。

① 罗伯特·J. 斯滕博格. 创造力手册. 施建农，等，译. 北京：北京理工大学出版社，2005：351.

② 巴格托，考夫曼. 培养学生的创造力. 陈菲，周晔晗，李婀，译. 上海：华东师范大学出版社，2013：13.

其次，时间是影响创造力发展的客观因素。设计型学习对创造力发展的作用显现是一个长效的、潜在的过程，本次研究仅 2 课时，只能通过外显特征预测个体创造力的发展。但是，如果实验周期延长是否可以克服这个问题（2 个月或 1 个学期）？答案未必。国内基础教育的课程结构相对固化，按学科架构划分课程内容，时间划分上是固定的，这种“规定的时间与内容”将给创造力的发展形成挑战。在本次研究中，时间是影响师生进行发散性思维的客观因素。教师不止一次地抬手看手表、在学生上台演示时经常催促学生“快点”等，都显示出教师的时间紧张感；学生头脑风暴时，往往在兴致盎然时被教师打断，迅速进入下一环节；学生在对作品进行迭代设计时，却不得不上台演示半成品。“迭代设计”“容忍模糊”“延迟满足”“留有创造时间”“穷其一生发展创造力”等，这些策略在时间的限制下略显苍白无力。

最后，学校未必是指向创造力发展的设计型学习发生的唯一的理想场所。本书选择国内中部地区某城镇小学为对象，是因为学校教育是我们最常见的规模教育形式，且中部地区的学校使得抽样具有典型意义。以小学科学学科中的工程设计类课程为内容，是因为以 3D 形式呈现的人工制品更加直观，更利于解释和说明指向创造力发展的设计型学习模型的应用效果。但这未必就认定学校教育中工程设计类课堂是设计型学习发生的唯一的理想场所，理由如下：①学校里的创造素材毕竟有限，尽管我们承认“限制”是设计与生俱来的发生条件，但教室空间中大多呈现二手经验的中介——文字、图片、视频等，学生浸润在真实、复杂情境的概率较小，这可能给学生共情、发现问题、质疑假设设置障碍，将对学习兴趣和投入产生负面影响。②教室中“排排坐”的物理环境布局，并不利于协作设计时的讨论、构思与演示；“排排坐”带来学生与教师之间不同的距离，可能形成重压、次压与轻压的心理暗示。“积极的动机氛围”分布在此处构成了先天的不平等，这对创造力发展是极其不利的。

以上总结了当下教育情境中实施指向创造力发展的设计型学习存在的“限制条件”。当然，明确“限制条件”的意义不在于寻找托词，而是在测试“指向创造力发展的设计型学习模型”这一人工制品的应用效果，并在反馈的基础上寻找探究的生长点——提出假设，进而分析、交流，并进行下一轮“迭代设计”，这也是我们之后研究的基础。

第7章　面向创客教育的设计型学习研究展望

在以知识经济为主要特征的现代社会，创造力是个体、组织及国家得以生存且持续发展的核心动力。探索发展创造力的手段，促进创客教育长效发展，在此背景下显得十分必要且紧迫。本书尝试探讨将设计作为一种学习手段，促进学习者创造力的发展。在已有的创造力发展、设计型学习研究的基础上，本书重点厘清设计型学习的内涵，考察设计型学习与创造力发展之间的关系，构建适合中国语境的、突显设计本质的、指向创造力发展的设计型学习模型，以此丰富学习者创造力发展的途径，最终保障创客教育健康、有效发展。本书重点讨论了以下问题：设计型学习的本质、设计型学习与创造力发展之间的关系、指向创造力发展的设计型学习模型、指向创造力发展的设计型学习在实践中对创造力的影响效果等。

7.1　主要观点

7.1.1　设计型学习是一种特殊的反思探究活动

本书认为，设计是人类为改进现实，通过对情境材料的迭代反思，围绕人工制品的功能、标准与结构进行主动探究的活动。设计型学习是个体及共同体为改进现实、发展自身知识与能力，围绕真实、劣构问题中人工制品的功能、标准与结构进行的迭代拓展性反思探究活动，它在本质上是一种特殊的反思探究活动。其本质属性表现在：①设计型学习具有双重目的，从表层看在于创造应有生活；从内核看，它还具有个体及共同体发展自身知识与能力的目的。②设计型学习的对象是真实世界中的人工制品，学习者围绕其功能、标准与结构进行反思，进而阐述期望、阐明表现形式、建立评价标准、提出备选方案等。③设计型学习是通过与情境材料的互动，对真实、劣构问题进行主动求解的过程，本质上也是对人为世界有目的的创造性、决策性和规范性的探究活动。④设计型学习的主体在往复循环的迭代探究中，实现对客体的拓展性认识。

7.1.2　设计型学习是创造力发展的有利条件

从创造力发展的条件、设计型学习内涵，以及设计中创造发生的机制，我们可以推断，设计型学习是促进创造力发展的有利条件。设计型学习的诸多特征可以综合作用，为创造力的发展提供支持。此外，在促进设计创造的多种灵感源中，文本与草图的作用十分突出，应被充分开发，在设计型学习中加以利用。

具体而言，设计型学习“追求应有生活”的目的，关涉了服务与责任意识、进化意识以及对话技能，这都鼓励学习者在学习中进行协同努力，并学会从别人的视角看问题；可以帮助学习者发现真正的兴趣所在，并推广自己的创意。“发展知识与技能”目的，可以鼓励学习者不断学习、跳出已有框架理解与分析问题，为创造力发展提供了必要的知识与智力技能准备。

设计型学习中面对的真实且定义不良的问题，关涉着问题界定、方案生成等认知过程，可鼓励学习者重新界定问题、对假设提出质疑、发现真正的兴趣所在、容忍模糊性等。学习者在对人工制品的结构、行为与功能进行反思的过程中，将调动自身的系统思维、判断思维与整合思维，这将促进其重新界定问题、对假设提出质疑、学会跨界思考，丰富创造力发展的智力技能、思维风格资源。设计型学习中的迭代拓展过程，可以很好地提供创造力发展所需的智力技能、人格资源，使学习者学会确定并克服障碍、容忍模糊性、延迟满足，并努力发展创造力。

7.1.3　设计型学习模型由原理层、思维层及活动层构成

本书借鉴活动理论，由原理层、思维层及活动层，由抽象到具体、由内而外地推导指向创造力发展的设计型学习的活动模型。本书认为，设计中的学习本质上是设计者在与情境材料的对话中不断拓展活动对象的过程。设计者在回应情境的同时，对这个问题的结构、行动的策略或现象模式进行反思，从原先的“如果-那么”的假设，转变成决定性的立场。设计型学习中的创造可能是发散思维、聚合思维、分析思维与综合思维协作运作的结果，学习者可利用首要原则、类比、整合、突变和涌现等技法实现人工制品在功能、标准和结构上的突破。

设计型学习具有双重目的：为追求应有生活制造前所未有的人工制品、发展个体的知识与能力，其中“能力”则重点指向高阶认知能力——创造力。设计型学习主体可能是广义的，泛指那些可能通过设计活动衍生知识与技能的个体及共同体，也可狭义地特指那些在学习教育环境中，在形成性干预下，通过真实、有意义设计活动拓展知识与能力的学习者。设计型学习的对象指那些真实的、劣构

的设计类问题。工具则包括那些能帮助学习者完成信息收集、整理、处理、创造和表达并有效地进行思考和认知的操作工具，既包括纸、笔、模型等实体工具，也包括基于计算机的虚拟工具。

本书认为，设计探究与科学探究可构成一种设计型学习活动，二者既有联系，又有区别。二者互相包含、互为源头，且相互交叉融合，变化循环不已。设计探究活动由共情、界定、酝酿、原型、测试构成。科学探究活动则由假设、验证、分析、交流构成。环节间存在重合与对应，各环节不存在绝对的起点与终点，每一个环节都可能成为起点。彼此的顺序也呈非线性，存在跳跃、重复，整个设计探究与科学探究过程表现出迭代的特征。

7.1.4　设计型学习可促进学习者创造力的发展

为了解我国基础教育设计型学习的现状及其成因，本书选取了包含设计活动的课程，对其教学设计方案进行了质性分析。研究发现，我国小学科学教育中某些含有“设计”内容的课程，并未实施真正意义上的“设计型学习”。具体表现在：①目标聚焦在概念性知识及低端认知能力（记忆、理解、应用）上，未强调对“创造”的培养；②内容上，将设计视为综合应用、巩固已有科学概念的“计划、制作”活动；③活动多体现为预设的、线性的、控制的“伪探究”活动；④评价多为总结性的作品评价，未实施过程性评价。

为验证指向创造力发展的设计型学习的应用效果，设计并实施了造“桥”的准实验：一次课（90 分钟，两节），双组后测。准实验研究结果表明，实验班与控制班在科学概念的记忆与理解上不存在显著差异；而在作品的创造力得分上，实验班的分数明显高于控制班；就课堂创造性情境而言，在学生活动及材料的差异性、学生发散思维或聚合思维、教师动机氛围、学生控制教学的程度上，实验班的分数均高于控制班，且存在不同程度的差异。我们由此可以推断，在实践中，指向创造力发展的设计型学习可促进学生创造力的发展。

综合看来，本书的创新之处在于，在研究视角上，从设计型学习的角度探讨学习者创造力的发展，丰富了创造力发展的手段；从设计本质出发，厘清了设计型学习的内涵与表现形式；突显了设计型学习中设计活动的特殊性和指向创造力发展的针对性，将设计型学习的功能聚焦。在研究方法上，本书通过文献、访谈初步建构指向创造力发展的设计型学习模型，再经过实证验证，保证了模型的科学性和合理性；本书还在原有引介性研究基础上，在中国基础教育中进行了实证研究，为保证兴起于国外的学习方式在本土的顺利着陆奠定基础。

7.2 研究展望

在未来的研究中，我们还将做出以下探讨。

7.2.1 范围拓展

由于周期、已有研究基础的限制，本书仅讨论了由设计探究与科学探究构成的设计型学习活动，而对设计探究与人文探究的构成关系未做阐述。未来将在明确人文探究基本特征的前提下，对二者关系做进一步研究。此外，本书仅选择了2个班作为研究对象，样本含量不够丰富，且仅进行一次课的干预，周期过短，因此研究结果及结论受到一定限制。在未来研究中，期待能够选择更大范围的样本，进行更长周期的干预和迭代设计研究，不断地修订与拓展指向创造力发展的设计型学习模型。

7.2.2 工具丰富

本书在构建设计型学习模型之初，选择规模大、影响广的学校教育环境作为实证研究的背景，且利用廉价、易得的报纸作为学习工具，无非是要提示人们，简单的工具可以被不简单地利用；此外，常见的物理工具，可以消除设计型学习的神秘感，降低人们对设计型学习的认知门槛，为之后的宣传与推广做铺垫。

然而，这并不意味着设计型学习的工具只能是3D实物，可能还存在其他形式的中介物，如现代信息技术工具等。英国开放大学的远程协同设计项目、美国麻省理工学院媒体实验室的“终身幼儿园”项目，都是成功开发虚拟设计型学习工具的范例。其中，“终身幼儿园”的负责人 Resnich 教授认为，一个人最好的学习体验来自于参与某种形式的设计、创造、发明或自我表达；其团队开发的儿童编程软件，鼓励孩子创建编写自己的互动式故事、游戏和动画，同时也可以将创作与社区中其他成员分享，这将有助于孩子们学习创造性思考、系统推理和协同工作。因此，本书之后可能借助相关的虚拟设计工具，拓展设计型学习的认知工具与活动空间。

7.2.3 场域扩充

本书重点讨论了在学校情境中设计型学习发生的过程与效果。不可否认，学校教育中的班级规模、课程结构、内容标准和问责至上制度，在某种程度上成为创造力发展的限制条件，这就意味着我们未来研究的起点是建立在这些限制条件基础之上。今后我们将继续从课程决策的角度探讨支持创客教育的设计型学习的保障机制，还将尝试借助先进的学习理念与技术手段突破这些限制。如利用“翻转课堂”，借助互联网等信息技术手段，让学生在家完成知识的学习，而课堂成为老师与学生之间和学生与学生之间互动的场所，包括答疑解惑、知识的运用等，从而达到更好的教育效果。此时，老师在课堂上更多的责任是去理解学生的问题和引导学生去运用知识、创造知识。

此外，研究将试图在校外教育、社区教育、家庭教育中开展设计型学习。事实上，实践中已存在不少的类似设计型学习的活动。例如，Design For Change（DFC）是全世界最大的孩童创意行动挑战项目，它从印度发起，召集了全世界 36 个国家的孩子，让孩子通过感受、想象、实践、分享，有机会发挥自己的想象力，并且付诸行动。此类校外教育中的设计型学习为我们之后的研究提供了借鉴。

总之，未来成功的关键取决于个体与组织有创造性的思维与行动力。Resnich 说，要想成为有创造性思维的人，最好的方式就是创造，创造性思维的根源就是创造[①]。如果我们的目标是培养有创造力的思考者和行动者，就需要不断地追问：我们该创造怎样的学习方式促进学习者的创造力？我们还能够做些什么？未来是难以预测的，但我们坚信，预测未来的最好办法就是创造未来。

① 新浪科技. Dr. Mitchel Resnich：在设计中进行终身学习. http://tech.sina.com.cn/it/2005-09-21/1445725853.shtml[2018-10-13].

附　　录

附　录　1

第二单元“形状与结构”课后测试题

一、填空题（每空 2 分，共 40 分）

1. 提高材料的抗弯曲能力，我们可以通过增加材料的宽度，还可以增加材料的厚度或改变材料的形状。

2. 把薄板形材料弯折成“V”“L”“U”“T”“工”字等形状，虽然缩小了材料的宽度但却增加了材料的厚度，能大大增强材料抗弯曲能力。

3. 拱形承载重量时，能把压力向下和向外传递给相邻的部分，使拱形各部分相互挤压结合得更加紧密。拱形受压会产生一个向外推的力，抵住了这个力，拱形就能承载很大的重量。

4. 用模型结构可以建起很高的建筑而花费的材料却很少，它以三角形为基本构造。

5. 模型铁塔结构特点：①上小下大；②上轻下重；③风阻小等。

6. 用纸设计桥需考虑哪些问题：①纸这种材料的特性；②纸的承受力有什么特点；③选择形状和结构；④用什么方法增强纸的抗弯曲能力。

7. 评价一座桥好坏的指标：①是否坚固；②是否节省材料；③是否美观。

二、完成设计表格（10 分）

在“用纸造一座‘桥’”一课中，同学们一定像真正的桥梁建造师那样设计建造了一座结实的桥。请回忆建桥过程，完成下面的表格。

<table>
<tr><td>你们准备的材料有</td><td></td><td>把你们造的桥画在下面</td></tr>
<tr><td>应用到的科学知识有</td><td></td><td rowspan="2"></td></tr>
<tr><td>你们的桥能够承重</td><td>克</td></tr>
</table>

附　录　2

课堂创造性情境结构观察表

本观察表包含四个观察指标：教师动机气氛、学生活动及材料独特性、学生发散思维或聚合思维、学生控制教学的主动权。观察量表所要求的观察内容包括了言语和非言语行为，即口头陈述和动作，要求不仅观察发言者，还要观察话语的对象，如学生的反馈、学生的面部表情、姿势所蕴含的意义等。每5分钟计分一次，编码表如下：

	1	2	3	4	…	总分	平均分
学生活动及材料独特性							
学生发散思维或聚合思维程度							
教师动机气氛							
学生控制教学的主动权							

每个观察指标的等级描述如下。

1. 学生活动及材料的独特性

0	无评估机会
1	高标准化模式——面对所有孩子采用同样的、标准化的学习材料和/或活动
2	标准化为主模式——三分钟或以上时间绝大多数孩子被安排于标准化活动和/或学习材料中
3	综合模式——绝大多数孩子平衡参与标准化与个性化两类不同的活动和/或学习材料
4	独特为主模式——三分钟或以上时间绝大多数孩子安排于个性化活动和/或学习材料中
5	高度个性化模式——每个孩子以各自独特的方式加工学习材料和/或参与活动

2. 学生聚合思维或发散思维的程度

0	无评估机会
1	聚合主导型——教师只允许聚合思维
2	鼓励聚合型——教师鼓励聚合思维，同时允许少量发散思维
3	聚合发散均衡型——教师不偏不倚，允许两种思维
4	鼓励发散型——教师鼓励发散思维和聚合思维交替进行
5	发散主导型——教师旨在发展发散思维

3. 教师动机气氛

0	无评估机会
1	持续的消极动机——自始至终使用，持续产生负面效果
2	主要起消极作用的动机——一旦采用通常产生负面效果，但非全程采用
3	各种动机的综合——积极的、消极的或中性的
4	主要起积极作用的动机——一旦采用通常产生正面效果，但非全程采用
5	持续的积极动机——自始至终使用，持续产生正面效果

4. 学生掌控教学的主动权

0	无评估机会
1	教师控制，无学生参与
2	教师控制，少数学生参与
3	教师主导，多数学生参与
4	学生主导，教师参与
5	学生控制，无教师参与

后　记

本书在我的博士论文基础上拓展而成。时至今日，我还在佩服自己当年的勇气，因为选择这样一个题目做，实在是自讨苦吃。在浩如烟海的创造力研究的文献中，忍受着没有创造力的痛苦已是常态，时而剥丝抽茧，时而作茧自缚，在否定之否定的过程中艰难写作。然而，踯躅而行，我却丝毫没有悔意。

题目最初源于自己长久以来的困惑：在信息与技术迅猛发展的当下，人们在消费主义至上、娱乐至上、网络至上的节奏中狂欢。然而，人类真的一定会随着信息、技术的进步而进化吗？注意力分散、记忆力退化、想象力和创造力被扼杀……人们在越来越繁杂的信息世界面前越来越措手不及。技术理想主义者的推崇、商业利益追逐者的炒作使人们麻木于“见物不见人”的事实而毫不自知。此时，借助人文主义的技术哲学，回归对“人的发展”“人的活动”的关注尤为必要。作为一个教育工作者，我于是诉诸 “设计”（人的活动），指向 “创造力”（人的发展），这可看作求释解惑的一种尝试。

庆幸的是，我得到了许多高人相助，使得我能将最初的尝试提炼至专著的规格加以实现。感谢我的博士生导师上海师范大学的谢利民先生，他是一位豁达、睿敏、博学的智者，常在我“山穷水尽”之时，高屋建瓴，以四两拨千斤的技巧、幽默的语言，帮我寻求“柳暗花明”。感谢我的硕士生导师江西师范大学的钟志贤教授，他机敏、多才，是国内教育技术研究领域颇具风骨的侠者，我所取得的每一点进步，都离不开他的提携与指引。

感谢美国伊利诺伊大学香槟分校教育学院的 Mary Kalantzis 和 Bill Cope 教授。在他们研究团队访学 16 个月的时光，为我打开了教育科学研究的另一扇门。Mary Kalantzis 是位智慧、坚忍的女士，两次“移民”的经历，令她拥有了博爱、兼容的教育思想。Bill Cope 是位十足的“工作狂”，他知识面广、批判性思维极强，为我的研究提供了尽可能丰富的资源。

感谢华东师范大学的崔允漷教授、裴新宁教授，衢州学院李长吉教授，上海师范大学的夏惠贤教授、蔡宝来教授、丁念金教授对我研究的斧正。感谢江西师范大学教育学院、课程与教学研究所的领导和同事何齐宗、赵顶兴、胡青、李春燕、李小琴、周立群、邱婷、谢云、姚志敏等，感谢他们对我的帮助。

感谢师门中兄弟姐妹们对我的帮助。硕士师兄王佑镁是国内第一个系统引介设计型学习的学者，他慷慨地赠予我所有的研究资料，并加以提点，使得我的研究能够顺利起航；硕士师兄杨南昌，不仅给予我选题的支持，还用他特有的工匠精神督促我的研究进程，使我不至于倦怠。博士师兄代建军、刘松林、李学书，师姐孙芙蓉、周侠、罗晓杰，师弟陈蔚、王小明，师妹吕智敏等，经常关心我的研究进展，罗晓杰、李学书还在百忙中抽空修订我的文稿，他们的关爱使我备感温暖。

感谢我的博士同学们：严奕峰、傅欣、张紫屏、白军胜、陈志刚、徐鹏、李薇、赵鹍、陈法宝、万宇、王建军、王梦昭、时维金，观点在“攻守”中完善，情感在“互虐”中弥坚，与他们的激辩与戏谑，都成为我弥足珍贵的财富。

感谢成长道路上曾默默帮助过我的每一个人。感谢参与实证研究的L老师、S老师与实验学校的学生们。真实的课堂历练使得研究变得生动且有意义。感谢杨晓哲同学给予的资料支持。感谢江西师范大学课程与教学研究所的硕士生舒慧、周帆、龚媛、袁聪、万婷婷等帮我整理了部分文献资料。感谢 2018 级硕士熊玲玲、程月青帮助我整理和校对了部分文献。感谢书中所引用资料的原作者，是他们的研究成果为我的研究奠定了基础。

感谢我的家人，能够鼓励我在求学路上走到今天。我的祖父母对我进行了启蒙教育，祖父的“学如逆水行舟，不进则退”时时警醒着我；我的父母任劳任怨，承担了照顾我小家庭的重任；我的爱人对我全方位的关照，使我能全身心投入学习；我的儿子用“十万个为什么”和他颇具破坏性的创造力，催促着我的成长。

特别感谢科学出版社的编辑滕亚帆老师，她爽朗的性格、严谨细致的工作、对我的关爱，使我有机会能将成果结集出版，我深感幸运。

教育科研本质上是个“设计型学习”的过程，与其说这是上一学习阶段的总结，不如说这是下一个学习阶段的起点，未来仍需反思。是为后记，纪念这段难忘的科研生涯。

曹东云

2019 年 4 月于江西师范大学青山湖校区